経済って
こうなってるんだ
教室

海老原嗣生 著

飯田泰之 解説

経済ってこうなってるんだ教室

海老原嗣生 著 ｜ 飯田泰之 解説

はじめに

小学生の算数と国語ができれば経済も金融も大体は理解できる

　この本は、順番に読めば、最終的には金融経済政策までわかるようにできています。

　難しい数式や理論も難解な用語も出てきません。そうしたものは、専門領域で研究や論証をするうえでは、確かに必要となるでしょうが、できあがった構造や仕組みの説明をするのは、普通の日本語で十分ことたりるはずです。

　この本は、小学生レベルの国語力と算数力があれば理解できるよう心がけてつくりました。経済や金融の世界に興味はあるのに、理論や数式が壁となって足を踏み入れられなかったという人にぜひ読んでいただきたいと思っています。

　学生や若手の社会人が、なぜ経済や金融と縁遠くなってしまうのか。彼らと長く接してようやくわかったのですが、その理由は3つほどあると思っています。

　1つ目は、既に書いた「理論や数式」の壁です。

　そして2つ目は「プロにとっては当たり前すぎて専門書には書かれていない」のに、じつはとても重要なポイントがあり、そこがわからないため、その先が見えなくなってしまっているということ。この本ではそうした落とし穴を、小学生レベルの国語と算数で、徹底的に潰していきます。金利、為替、生産、付加価値、インフレなど、第1章～第4章をそれにあてています。

　3つ目は「勉強したことが実生活にほど遠く、何のためになるかわからない」こと。この本はその点にも配慮し、

誰がどのように得をするのか、どうしてあの時期に企業はあんな動きをしたのか、といった実社会の動きを下敷きにして、経済と金融を読み解いていきます。

　よく国会議員や中小企業の経営者など、専門家でもないのに、経済や金融をすらすら語れる人がいます。彼らは小学生レベルの国語力と算数力で十分に物事を理解し、さらにそれを「実生活にどんな影響がある」「誰が得や損をする」とかみ砕いて伝える能力をもっているのです。この本で目指すのは、そうした理解力と説明力を身につけることです。

　ひとしきり経済の仕組みや構造がわかったら、あとは毎日情報をアップデートし、自分なりに考えることで、さらに経済の動きがはっきり見えてきます。

　わたしはよく、経済や金融などの情報を日々読み解く行為を、小学生のころにやった「大縄跳び」にたとえて話します。外にいる人が中に入ろうとすると、とても難しい。でも、ひとたび中に入れば、数秒に一度、たった数センチジャンプするだけの行為でしかありません。それと同じで、経済や金融の世界はなかなかとっつきにくいものです。ただ、一度その仕組みがわかると、あとは毎日少量の情報を更新するだけでことたります。

　その「大縄跳び」に入るきっかけが、この本だと思ってください。

　経済の基本はもうわかっているという人には、直感的に理解していたことを言葉や事例を使ってより深く咀嚼し、人に教えたり説明したりするときの材料として役立てていただければ幸いです。

経済ってこうなってるんだ教室 | 目 次

第1部 経済と金融の「基礎ブロック」 ……… 7

第1章 金利がわかると経済記事が見えてくる …… 8
- 金利は誰が決めているのか？ ……………………… 9
- デフレスパイラルはなぜ起きたのか？ ………………… 17
- ヘッジファンドがやっていること ………………… 21

第2章 為替がわかると「国力の差」が見えてくる ……… 24
- 円安で輸出産業だけが得をするわけではない ……… 25
- 円高は地獄なのか？ ……………………………… 34
- 通貨の力は国の力 ………………………………… 37

第2部 社会を解剖するためのメス ……… 43

第3章 GDPがわかると構造不況が見えてくる …… 44
- 付加価値って何だろう ……………………………… 45
- ジョブレスリカバリーという病 ……………………… 50
- ホワイトカラーの求人が増えている理由 …………… 57

第4章 インフレがわかると失業率が見えてくる …… 62
- 売りオペレーションと買いオペレーション ………… 63
- ハイパーインフレの恐怖 …………………………… 67
- いいインフレ、悪いインフレ ……………………… 70
- リフレは経済に好影響を与えない？ ……………… 75

第3部 「金利と為替」の
ブロックを積み上げる …… 79

第5章 量的緩和がわかると
アベノミクスが見えてくる …… 80

- タンス預金がどんどん増える「流動性の罠」 …… 81
- 「将来どうなるか」の予想を書き換える …… 84
- 量的緩和はどうやって波及するかはナゾ …… 88

第6章 資源価格がわかると
安倍さんの強運が見えてくる …… 92

- アベノミクスの快進撃はいかにして始まったか …… 93
- 円安メリットの「剥落」が始まった …… 97
- 工業原料が軒並み大幅値下がりという「神風」 …… 105

第4部 時事情報でブロックに色を塗る …… 111

第7章 Jカーブがわかると
日銀の苦悩が見えてくる …… 112

- 円安で一時的に貿易収支は悪化する …… 113
- トヨタが製造拠点を日本に戻さなかった理由 …… 115
- 中国の高度経済成長期は終わったのか？ …… 121
- 中国「一人っ子政策」負の遺産 …… 125

第8章 トランポノミクスがわかると
その先の崖が見えてくる …… 128

- マイナス金利政策の狙い …… 129
- 日銀が「断固とした姿勢」を示すためにやったこと …… 135
- イールド・カーブ・コントロールとは？ …… 140
- インフレで借金を帳消しにするという「劇薬」 …… 146

第5部 上級者編

それでもわからないことはプロに聞く 155

- Q なぜ、日本はデフレに陥ったのですか？ 157
- Q インフレ率はどのくらいであればいいのですか？ ... 158
- Q 財政投入のために赤字国債を発行し過ぎたからデフレになったのですか？ 159
- Q なぜ日銀は政策を小出しにしたのですか？ 160
- Q インフレ期待はどうやって生まれるのですか？ 162
- Q 量的緩和の波及が遅いのはなぜですか？ 164
- Q アベノミクスの通信簿をつけるとしたらどうなりますか？ 166
- Q 金融政策で雇用も改善するといいます。それはなぜですか？ 168
- Q なぜハイパーインフレが発生するのですか？ 170
- Q そもそも「期待」のようなフワフワしたものがどうやって世の中に伝播していくのでしょう？ 173
- Q リフレの出口はどうなるのですか？ 174
- Q FTPL理論は正しいのですか？ 175

第1部

ど素人編

経済と金融の「基礎ブロック」

第1章

金利がわかると経済記事が見えてくる

　金利はとても身近なものです。車や住宅を購入するとき、カードでキャッシングをしたとき、通販で分割払いをしたときなどに、わたしたちは金利を支払っています。一方、定期預金や普通預金など、お金を預けたときに、ほんの少しながら利息というものが発生します。

　では、こうした利息や金利とはどのように決められているのでしょうか。

　住宅ローンなど何千万円もお金を借りるとき、金利が0.1％上下するだけで、年間に何万円も返済額が変わってしまいます。どのようなメカニズムでそれが起きるのか、そのことをこの章では勉強することにしましょう。

　金利の仕組みがわかると、経済や金融の動き、国の政策など、じつに多くのことが、スーッとわかってきます。経済や金融の最重点ポイントといっても過言ではありません。数字が苦手な人には少々苦痛かもしれませんが、小学校までの算数しかここには出てきませんので、頑張って乗り越えてほしいところです。

　ある程度理解している人も「わかっている」と読み飛ばさず、しっかり復習してください。中途半端な理解だと、経済のツボが見えてこないからです。逆に、金利さえわかれば、毎日目にする経済ニュースの「本当の意味」がおもしろいほどわかるようになります。

金利は誰が決めているのか？

まず、みなさんに考えてもらうことにしましょう。

問1 　長期金利は誰が決めているのでしょうか？

① 財務省が決めている
② 日銀が決めている
③ 主要銀行が協議で決める
④ 政府が決めている
⑤ 国会が決めている
⑥ 市場で決まる

すぐに答えをいってしまうと頭に入らないので、少し遠回りして関係のないところから考えていくことにします。

みなさん、いま日本の国は、年間にどのくらいの予算で各種政策サービスが運営されているかご存じですか？　ちなみに日本の人口をおおよそ1億3000万人とします。

あらかじめおことわりしておきますが、この本では、すべてきりのいい「おおよそ」の数字を用います。統計データは年々変化します。下一桁まで語ってもすぐ数字が変わってしまいますし、そこまで細かく示しても、全体像を見るうえではあまり意義はありません。そこで覚えやすく、感覚的にも把握しやすい「おおよその数」を使っていきます。

さて、1億3000万人に1人当たり10万円使うとすると、年間では13兆円のお金が必要です。道路をつくった

リ、鉄道を敷いたり、こうした建設にもお金が必要です。医療費や年金などでも税金で補てんがされていますし、教育や子育てでも税金は使われています。とすると、1人当たり10万円ではとても国のサービスは維持できませんね。正解はもっとずっと多くて、1人当たり75万円ほどで、国全体だとおおよそ100兆円となります。この数字、区切りがよいのでぜひ覚えてください。

　ではこの100兆円のうち、みなさんや企業が支払う税金で賄われているのはいくらでしょうか。
「そんなの全部だろう」
　そう考える人はまさかいませんね。
　税収は好不況により増減するので、おおよそ50兆円強が平均的な税収規模となります。これもじつに覚えやすい数字ですね。ぜひ記憶してください。
　100兆円の国家予算のうち、その半分強が税金で賄われるとすると、残りの50兆円弱はどうしているのか。
　そう、借金でしのいでいるのです。国家予算の半分近くが毎年借金で賄われているという事実は、少し背中が寒くなるところでしょう。実際、G7と呼ばれる先進国のなかでは、日本の借金依存度は突出して高い状態にあります。

　さて、では国は誰からどうやってこのお金を借りているのでしょうか。
　そこで出てくるのが「国債」です。国は国債を発行し、その売価として収入を得ています。これが国の借金です。なんとなくこの仕組みをわかっている人は多いでしょう。ここを少々突っ込んで細かく見ていくことにします。

国債とは証券の一種です。証券とは、法律に基づいて発行された「金銭の支払い・受け取りを規定する」証文と考えてください。この紙片をもっていれば、将来いくらかのお金を受け取れる、もしくは適正価格で売却ができる、そういう類いのものです。

　国債は債券という種類の証券となります。債券は、それを買った人が定期的に利息を受け取れて、そのうえ期限が来たら、当初決めてあった額で買い戻してもらえるという種類の証券となります。たとえば、借金の借用書ですね。

　国債はつまり「国の債券」にあたります。国はこれを売り、借金をする。そして毎年、いくらかの利息を払う。最後に期限が来たら、買い戻す。この繰り返しで国の財政がまわっています。ちなみに、買い戻す期限のことを「償還期限」と呼びます。これもぜひ覚えておいてください。

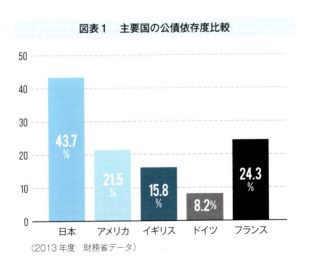

図表1　主要国の公債依存度比較

日本 43.7%　アメリカ 21.5%　イギリス 15.8%　ドイツ 8.2%　フランス 24.3%

（2013年度　財務省データ）

第1章　金利がわかると経済記事が見えてくる

では、この国債を買うのは誰でしょうか？　その多くは銀行や保険会社などの金融機関です。そして金融機関はみなさんが預けた預金や保険を元手にして国債を購入しています。つまり、みなさんが銀行や保険会社を通して国債を買っていて、そのお金により、国は行政サービスを実施しているのです。

　ここまでわかったところで、いよいよ金利の説明に入っていきたいと思います。
　なぜ銀行はみなさんの預金で、国債を買うのでしょうか。
　理由は簡単です。国債を買えば利息が受け取れて儲かるし、期限が来れば国が買い戻してくれるので、安心・安全な債券だからです。国以外の企業や個人にも銀行はお金を貸していますが、そうした場合、倒産や破産などでお金が

図表2　国は誰からお金を借りているのか？

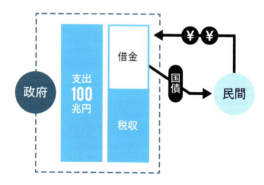

返ってこない可能性があります。ですから企業や個人にお金を貸す場合は、相手の支払い能力を調べて、それに応じて国債よりも高めの利率（＋α）でお金を貸します。この支払い能力のことを「信用度」といったりもします。

つまり、企業や個人に貸した場合の利率は、「国債の利率＋α」で決まることになります。この信用度により上乗せする利率のことを、「リスクプレミアム」と呼びます。

これで個人や企業に貸し出すときの利率の決められ方がわかりました。

では、そもそも国債の金利はどうやって決められるのでしょうか。このメカニズムがわかると、金融の世界がぐんと身近になります。

国債の金利は2つの要素からできています。1つは、先ほどから出ている利息です。定期的に受け取ることができる利子のことですね。これを金融界では「クーポン」と呼びます。その昔、国債がまだ紙でできた券だったころ、利息を受け取るたびに相手にちぎって渡す紙片がついていました。チラシについている割引券（クーポン）のようなものを思い浮かべてください。

クーポンで受け取れる利息の率を「クーポンレート」と呼びます。これは国債を発行するときに、財務省が、市場の金利動向を見ながら決めています。こう書くと「じゃあ、金利は結局、財務省が決めているのか」と思われがちですが、その前に「市場の金利動向」とは何でしょうか？　ここがポイントになります。

そこに国債の金利の「もうひとつの要素」がかかわってくるのです。

　じつは、国債は定価で売買されるものではありません。「額面価格」は1万円、10万円というように決められていますが、これは償還期限が来たときに買い戻す金額のことです。発行時の売り出し価格は、国が決めているのではなく、市場で決まります。
「10年後に1万円で買い戻すこの国債を買えば毎年0.1％の利息が受け取れます。いくらでこれを買ってくれますか？」というかたちで国が国債を入札にかけ、各金融機関が買いたい値段を提示していきます。国は条件のよい売り先に国債を売って、発行分を売り切ります。このようにして国債の価格は決まります。

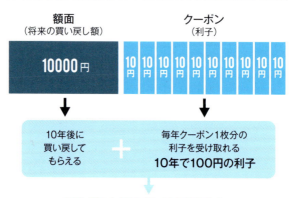

図表3　国債の仕組み①　クーポン（利子）

10年償還国債で、発行時に年率0.1％の利子が保証されている場合

ですから、**国と金融機関でかたちづくられる市場（金融市場）で、国債の価格は決まっているのです。**

　この市場取引のなかで、当然、入札した金額は変わります。10年後に1万円で買い戻してもらえる国債に対して、仮に9000円で入札して、その金額で買えたとしましょう。この人が10年たって国に買い戻してもらうと、このとき1000円の「利ザヤ（差別利益）」が生まれますね。これは、買った本人にとっての儲けとなります。

　買った本人にとっての10年間トータルでの利益は、次のようになります。

国債購入による利益＝利息×10年分＋利ザヤ……A
（図表5）

図表4　国債の仕組み②　入札と割引

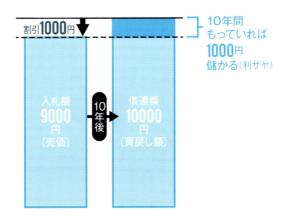

逆に、売ったほうの国の立場で考えると、利息を10年分払わねばならず、そのうえ償還時に1000円損をする。この合計が国債発行による手数料として消えていきます。

国債発行に関わる費用＝利息×10年分＋利ザヤ……Ｂ

借金をしたときにトータルでいくら手数料がかかるか。もしくはお金を貸したときに、トータルでいくら儲かるか。それが金利（買った側から見れば利回り）の意味するところです。ＡとＢの式を見比べれば、よくわかるでしょう。

つまり、国債の金利とは、「利息」と「利ザヤ（発行時の割引額）」の両方で決まるということなのです。

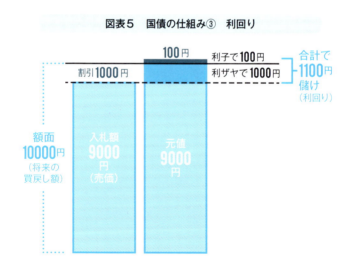

図表5　国債の仕組み③　利回り

デフレスパイラルはなぜ起きたのか？

では、もうひとつ問題です。

問2　「低金利」とは、どのような場合に起きるか？
　　　「高金利」とは、どのような場合に起きるか？

ここまでくると、だいぶ経済ニュースがわかるようになるはずです。

よく「国債価格が下がったため、金利が高騰した」などという記事が新聞に出ていますが、その意味するところは、入札で割引が大きくなったために、利ザヤが膨れて金利（利回り）がアップしたということです（図表6）。

国債を買いたいという人が多くて人気があれば、入札額

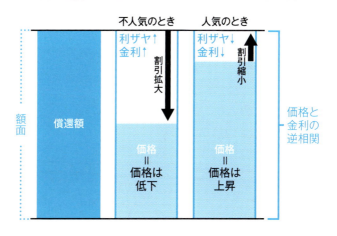

図表6　国債の仕組み④　価格と金利の関係

が上がるので、償還時の利ザヤは減ります。つまり金利は下がる。逆に国債を買いたい人が少なくて不人気ならば、入札額は下がるために償還時の利ザヤは大きくなり、金利が上がります。

国債の価格と金利が逆相関になっているところが、経済ニュースでまず引っかかるところだと思います。でもその理由がわかればもう大丈夫ですね。

では、どういうときに国債の人気が上がって、金利が下がるのでしょうか？　以下のようなケースがありえます。

① **国債の売り出しが少なく**、高額で上位入札した人しか買えないケース
② **国の信用が抜群に高くて**、高額でも入札したい人が多

図表7　国債の仕組み⑤　低金利（低価格）の３つの理由

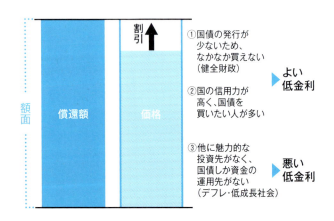

いケース
③ 不況やデフレで**企業の業績が悪く、民間には貸したくないので、**安全な国債への人気が高まるケース

　①は国が借金をあまりしないので**「よい低金利」**です。
　②は国の信用力が高いということなので、やはり「よい低金利」です。
　一方、③は「他に貸すところがないからしようがなく国債を買う」というのですから、これは**「悪い低金利」**といえるでしょう。そう、同じ低金利でも「よいケース」と「悪いケース」があることを覚えておいてください。

　今度は高金利について考えてください。どういう場合が考えられるでしょうか。
　これは金融や経済の問題ではありません。小学校レベルの国語の問題です。先ほど学んだ、「よい低金利」「悪い低金利」を真逆にすればいいだけですね。

① **国債の売り出しが多く、**低額で入札した下位者まで購入できてしまうケース
② **国の信用が著しく低くて、**高額では入札したい人が現れないケース
③ 好景気のため、民間に**「高金利でもお金を借りたい」という企業があふれているケース**

　①と②は「悪い高金利」です。実際、数年前のギリシャなどでは、国が約束した金額、期限で国債を買い戻せず、

購入した金融機関が被害を被りました。結果、新たに発行した国債の買い手がつかず、入札価格が暴落しています。

一方、③は好景気で民間が元気なのだから、当然「よい高金利」です。

そう、高金利にも「よいケース」と「悪いケース」の両方があるのです。

日本の金融環境を振り返ると、1980年代までは、国債発行額が少なく、経済成長率が高いという状況でした。これは、「よい低金利」と「よい高金利」両方がぶつかり合う状態です。軍配はどちらに上がったかというと、「よい高金利」でした。それだけ民間企業が元気で「高い利率でもお金を借りたい気持ち」（資金需要）が強かったということでしょう。

一方、バブル崩壊後、国債発行額は急上昇し、経済成長率は地に落ちます。これは「悪い高金利」と「悪い低金利」がぶつかり合う状態です。そして軍配は、「悪い低金利」に上がりました。もう国は借金でじゃぶじゃぶ状態なのですが、それでも民間には借り手がいない状態なので、国に貸すしか選択肢がないという状態だったのでしょう。

こうした資金需要の低さがデフレを長引かせ、ますます不況になっていく、という「デフレスパイラル」に陥っていきました。この状況を打開するために、資金需要を高める方策として、アベノミクスが登場するわけです。この話については、第5章であらためて説明いたします。

ヘッジファンドがやっていること

　さて、「国の借金は多い」でも「民間には借り手がいない」。こんな「悪い低金利」と「悪い高金利」の交錯する状態でかろうじて「悪い低金利」に軍配が上がっているときに、多くの国では厄介なことが起きていました。1990年代後半、タイ、韓国、ロシアが金融危機に見舞われています。

　なぜそんなことになってしまったのか。これにはヘッジファンドが絡んでいます。

「悪い高金利」と「悪い低金利」のぶつかり合いでかろうじて「悪い低金利」に収まっているような、**やじろべえ状態のときに、外から来た人が、ちょこんと指を触れたら、途端にバランスが崩れてしまいます**ね。ヘッジファンドがそれをやったわけです。

図表8　経済成長率と国債残高

これには、国債の先物売りが使われました。先物商品（正確にいうとこの事例は先物ではなく信用取引となります。メカニズムの大枠を理解していただくために「先物」としています）というのは、「現時点で売り買いはするけれど、決済は期限が来たときにすればよい」というものです。

　たとえば、国債を（いまもってもいないのに）売ってしまう。そうすると、手元にはバーチャルな売却代金が入ってきます。ただ、現時点でのそれは仮想のものです。この取引は、（もってもいない株を勝手に売ったのだからそのぶん）株を買い戻すというかたちでゆくゆくは反対売買を行い、決済をしなければなりません。最初に売約したときと、買い戻したときの差額が利益（または損失）となります。「悪い低金利」になんとかとどまっているやじろべえに対して、ヘッジファンドが先物を売り浴びせるとバランスが崩れて国債価格が下がりだします。すると国債を保有している金融機関は「いよいよ悪い高金利が来たか！」と我先に投げ売りを始めます。そこで国債の暴落が起こります。その暴落を見計らって安く買い戻すと、ヘッジファンドは巨額の富を手に入れます。高く売っておいて安く買い戻すのだから当然ですね。一方で、金融市場はめちゃくちゃなことになります。これが、90年代の後半に、タイ、韓国、ロシアで起きたことです。

　こうした金融崩壊の後始末のためにＩＭＦが登場し、再建スキームをつくって、その国の金融と経済に縛りをかけます。この状況を「ハゲタカのあとにＩＭＦがセットでやってくる」と揶揄した人もいました。

　さて、タイ、韓国、ロシアで大儲けしたヘッジファンド

が次に狙うのは、当然日本です。日本の金融市場は規模が大きいため、ちょっとやそっとの資金力では売り浴びせをしても倒れません。そこで、タイ、韓国、ロシアで大儲けして実弾を充てんしたところで挑んできたのです。

そして日本の国債にも先物市場で売り浴びせを仕掛けます。そうすると国債価格が下がり、金利は上昇します。ところが日本の金融機関は、「さあ大変だ」と投げ売りはせず、逆の行動に出ました。「国債価格が下がり、金利が上がっている。これは儲かるから、国債をますます買い増そう」と。ここから先は、ヘッジファンドと日本の金融機関の"チキンレース"です。ヘッジファンドはあと少しで国債が暴落しそうだと売り浴びせ、日本の金融機関は金利が上がる好機だと国債を買い増します。

その結果、資金力の豊富な日本の金融機関が連戦連勝していきます。こうして、ヘッジファンドがタイや韓国やロシアで儲けた軍資金を日本ではたく一方、日本の金融業は想定以上の利益を上げる……こんなことが2000年代に繰り返されました。その結果、もうこりごりだと誰も日本の国債市場には手を出さなくなりました。これが日本で、崩れそうで崩れない「悪い低金利」が続く理由となったのです。

ただ、国債の発行量があまりにも多いために、そろそろ日本の金融機関も買い支えができなくなってきました。もう「悪い低金利」はいつ崩れてもおかしくない。そんな風景がアベノミクス前夜の金融市場には広がっていたともいえるでしょう。

第2章 為替がわかると「国力の差」が見えてくる

　為替レートとは、異なる通貨の交換比率です。

　第1章の金利や国債の複雑な仕組みとちがって、為替レートは単純なのでわかりやすいですね。でも、現実的にこのレートが変わると経済活動にどのような影響があるのかまで理解していますか。

　たとえば「円安は輸出企業にとって有利」というのは、円安メリットのほんの一面を表した言葉にすぎません。いまや為替レートはさまざまなかたちでわたしたちの生活や企業の経営に影響を及ぼします。

　一方、ついちょっと前まで、日本に追いつくかどうか、といっていた程度の国力だった中国が、いつの間にかその背中さえ見えないほど、遠くに行ってしまいました。それは、経済成長よりも為替レートによるところが大きいでしょう。

　ここではそうした為替レートと経済・社会の因果関係を、小学生レベルの算数を使って計算をしながら頭に入れていきます。

円安で輸出産業だけが
得をするわけではない

　為替レートについて、よくある初歩的な質問は次のようなものです。
「なぜ、1ドル80円よりも1ドル120円のほうが円安なの？」

　たしかに、円安といっているのに80円→120円へと額が大きくなっているので数字に強くない人は違和感をもつかもしれません。

　為替レートとは「1ドルと交換するのに円がどれだけいるか」ということです。同じ1ドルに対して80円よりも高い120円も支払はなければならないとしたら、それは円の価値がそれだけ【低い】ということです。だから円【安】なのです。逆に120円も払わずに80円で1ドルが手に入るという状況は、円の価値がそれだけ【高い】ということで円高。

　ここまでを理解して、円安になるとどんなメリットがあるのかを見ていきましょう。

国際競争力アップ

　円安メリットの最たるものは輸出産業の競争力向上です。以下の問題を解いてみましょう。

> **問3** ここに1つ800円のICチップがあります。これをアメリカに輸出した場合、為替レートによって、現地ではいくら（ドル）になるでしょうか？
>
> ①　1ドル＝80円のとき ‥‥‥（　　）ドル
> ②　1ドル＝100円のとき ‥‥‥（　　）ドル
> ③　1ドル＝120円のとき ‥‥‥（　　）ドル

　簡単な割り算で答えが出ますね。ここは面倒がらずにしっかり自分の頭で計算してみてください。

①　（ICチップの値段）800円÷（為替レート）80円
　＝10ドル
②　（ICチップの値段）800円÷（為替レート）100円
　＝8ドル
③　（ICチップの値段）800円÷（為替レート）120円
　＝6.6ドル

　この結果をアメリカ人から見るとどうなるでしょうか？1ドル80円時代だと10ドルしたチップが、1ドル100円になると8ドルへと2ドル値下がりし、120円になると6.6ドルへとさらに値下がりする。

アメリカ人から見れば、**まったく同じ製品が円安になったことで、大幅に値下げされる**のです。しかも、この間に、中国の元や韓国のウォンが安くなっていなければ、中国製品も韓国製品もアメリカで値下げすることはできません。とすると日本の輸出メーカーが、中国や韓国のライバル企業を出し抜いて一人勝ちすることができる。こうした状況が 2013 年から 2015 年に起きました。

　それまで日本は 1 ドル 80 円を切る円高で苦しんでいました。ところが第二次安倍政権が生まれたころから、為替レートは円安に転じ、2013 年春先には 1 ドル 100 円、2014 年末には 110 円、2015 年には 125 円へとどんどん円安が進行しました。その結果日本のメーカーの業績は向上します。

円安による所得収支効果

　ただ、実際には、日本のメーカーは海外ではそれほど値下げをしませんでした。先ほどの問題の例でいえば、IC チップを 10 ドルで売り続けたのです（その理由や実際のデータは第 7 章で触れます）。円安になっても商品の値段を変えなかったので、輸出数量は伸びませんでした。当然ですね。アメリカ側にとっては値段が変わらないのですから購入量を増やす理由はありません。ではなぜ輸出企業の業績が上がったのか。それは**同じ数量を売っても、売り上げ金額が増えた**からです。

　このことを理解していただくために、次の計算問題を用意しました。

> **問4** ある日本企業が、アメリカで1つ10ドルの ICチップを販売しました。このとき、為替レートにより、円建てで得られる金額がどう変わるか、考えてみましょう。
>
> ① 1ドル80円のとき ……… (　　)円
> ② 1ドル100円のとき ……… (　　)円
> ③ 1ドル120円のとき ……… (　　)円

計算式は、前問までと逆になります。ドルを円に直すので、割り算ではなく、掛け算となるのです。

① 10×80円＝　800円
② 10×100円＝1000円
③ 10×120円＝1200円

800円の売り上げが、円安が進むに連れて1000円、1200円へと増えていきます。

何にも努力をしていないのに、売上金額が一気に800円から1200円へと、5割も増えるのです。

そう、輸出メーカーは、現地の通貨では「**過去と変わらぬ売り上げ**」だったにもかかわらず、**円に直すと売上額が増えている**、というわけです。企業にとってこんなにおいしいことはありません。

これが日本で2015年に史上最高益を記録するハイテクメーカーが続出した理由です。これを「**所得収支効果**」といいます（詳細は第4章と第7章をご覧ください）。

ここまでをまとめると、円安になると輸出産業は

① 現地通貨ベースで値下げができるため、
　　他国メーカーよりも有利になり販売数量が増やせる
② 値下げをしなければ、現地売り上げが日本円換算で
　　かさ増しされるため、売上額、利益額ともに
　　何もしなくても増やせる

　どちらに転んでも、輸出産業は儲かるということがわかります。
　ただ、こうした所得収支効果は、輸出産業にとどまるものではありません。
　日本の場合、昔は、グローバル化といえばハイテクメーカーがその中心でしたが、いまでは、金融、飲食、アパレル、エンターテインメント、日用品メーカー、コンビニや百貨店など、じつに多彩な企業が世界進出を果たしています。これらの企業も、海外で商品やサービスを提供して、売り上げを上げている。そうした売り上げも、円安ですべてかさ上げされることになるのです。
　この結果は、連結決算などで、日本にある本社の業績に加算されます。
　以下の問題でそれを確認しておきましょう。

> **問5** 海外の現地法人が、100万ドルの利益を稼ぎました。これを日本円に換算すると、為替レートの変化により金額がどう変わってくるでしょうか。
>
> ① 1ドル＝80円のとき ……（　　）ドル
> ② 1ドル＝100円のとき …（　　）ドル
> ③ 1ドル＝120円のとき …（　　）ドル

この問題は先ほどと同じで、桁が変わるだけです。

① （利益額）100万×（為替レート）80円
　＝8000万円
② （利益額）100万×（為替レート）100円
　＝1億円
③ （利益額）100万×（為替レート）120円
　＝1億2000万円

　どうでしょう。いままでとまったく変わらない業績でも、現地法人の利益は8000万円から1億2000万円へと、5割も増えてしまいます。成長著しいベンチャー企業ならいざ知らず、一般的な大手企業では50％の増益などそうそう達成できるものではありません。それが、何もしなくても為替のおかげで成し遂げられてしまうのです。
　いま、日本の企業は少々大手であれば、あらゆる産業が海外進出を果たしています。ということは、**円安のメリットは、輸出産業にかぎらず、海外に進出している多くの企**

業が享受できます。

そういうわけで、2015年はあらゆる業種で株高になったともいえます。

さて、これだけ企業の業績がよかったのに、日本国内ではその実感がありませんでした。その理由は、第3章と第7章で詳しく書くことにします。

円高による資産効果

円安で儲かる人はまだまだいます。
「国内資産家」もそうです。理由は、株や不動産など日本にある「資産」がことごとく値上がりするからです。

なぜそのようになるのかを理解するために次の問題を解いてみましょう。

> 問6　ここに1区画800万円の土地があります。
> これを海外にいる投資家が購入しようと思った場合、為替レートの変化で、
> いくら（ドル）になるでしょうか。
>
> ①　1ドル＝80円のとき ‥‥‥（　　）ドル
> ②　1ドル＝100円のとき ‥‥‥（　　）ドル
> ③　1ドル＝120円のとき ‥‥‥（　　）ドル

計算式は、問3と同じです。答えは、

① (利益額)800万円÷(為替レート)80円
  =10万ドル
② (利益額)800万円÷(為替レート)100円
  =8万ドル
③ (利益額)800万円÷(為替レート)120円
  =6.6万ドル

となります。

つまり、外国人投資家から見れば、日本の不動産は、為替レートの変化で、10万ドルから6.6万ドルへと、33％も安くなっていることになります。これは投資のチャンスだ、中国やシンガポールの物件よりも日本の物件を買っておこう！となりますね。

こうして、日本の資産（＝土地や株）への投機熱が高まり、値上がりが始まります。この動きが始まると、国内の人たちも、「早く買わないと値上がりしてしまう」とこぞって資産を購入するようになる。この連鎖で、資産価格が急上昇します。

たとえば不動産価格を示す信託商品であるJ-REITは、2012年から2015年の間に総じて2倍強のレベルまで価格を伸ばしました。株の場合は、前述の「円安による企業業績の伸長」もここに加わったため、日経平均株価で見ると2.5倍近くにまで上伸しています。こうして不動産や株をもっている人たちの資産価値が膨れ上がったわけですね。

ここまでをまとめると、円安は「資産家」の懐も温かくするということになります。

円安によるインバウンド需要

　円安メリットはまだまだあります。今度は国内で普通に商売を営んでいる人たちが対象となります。

> **問7** 1泊8000円のホテルがあります。このホテルに海外から観光客が来て泊まるとします。為替変動により、彼らの支払う宿泊代金はドル建てでどう変化するでしょう。

① 　1ドル＝80円のとき ……（　　）ドル
② 　1ドル＝100円のとき …（　　）ドル
③ 　1ドル＝120円のとき …（　　）ドル

　これもまた最初の問題と同じで、円建てをドル建てに変換する作業が必要になります。

① （宿泊代）8000円÷（為替レート）80円
　＝100ドル
② （宿泊代）8000円÷（為替レート）100円
　＝80ドル
③ （宿泊代）8000円÷（為替レート）120円
　＝66ドル

となります。
　もともと100ドルもした宿泊費が、いつの間にか66ドルに値下がりしています。これなら外国人観光客は日本

にとても来やすくなるでしょう。宿泊費だけではありません。日本で売っているすべてのもの、家電や洋服や宝飾品、時計など、彼らにとってはすべてが大幅な値下がりになります。買い物だけでなく、飲食やマッサージ、エステ、鉄道運賃なども同様です。

　この結果、外国人観光客の激増と爆買い需要が起きたわけですね。2012年と2015年を比べると、外国から日本を訪れた観光客数は836万人から1974万人へと2倍以上にアップ、彼らが日本滞在中に使ったお金は、1.1兆円から3.5兆円へと3倍以上に増えています。

　国内で商売を営む多くの人たちもこんなかたちで円安メリットを享受しているということです。

円高は地獄なのか？

　もう「円安は輸出産業だけが得をする」わけではないことはおわかりでしょう。実際は日本の多くの人たちに利益をもたらしたのです。

　さて、円安のメリットについてはこのくらいにして、ここからは円安のデメリットについて考えていきたいと思います。

円安による物価上昇

> 問8　いま、1房1ドルのバナナを輸入しようと思っています。これは、下記の為替レートの場合、それぞれ日本円だといくらになるでしょうか。

① 1ドル＝80円のとき ‥‥‥（　　）円
② 1ドル＝100円のとき ‥‥‥（　　）円
③ 1ドル＝120円のとき ‥‥‥（　　）円

そろそろこの算数問題にも飽きてきたかもしれませんが、もう少しお付き合いください。答えは簡単ですね。

① 80円
② 100円
③ 120円

為替が80円から120円になると、輸入バナナ1房は80円から120円へと、50％も値上がりします。そう、**円安は輸入価格を押し上げる**デメリットがあります。こうしてモノの値段が上がる一方で賃金が上がらなければ、当然、買えるものの量は減ることになります。

つまり、円安には物価が上がって消費が冷え込み、その結果不況になるというデメリットがあります。この場合の物価上昇を、**「コストプッシュ型インフレ」**と呼びます。こちらの説明は第4章で詳しくします。

円安による海外進出コスト増

2つ目のデメリットは、海外での事業活動に関連するものです。

> **問9** あなたはいま、海外の企業を買収しようとしています。その企業の株式時価総額は100万ドルでした。さて、これは以下の為替レートでそれぞれいくらになるでしょうか？
>
> ① 1ドル＝80円のとき ‥‥‥（　　）円
> ② 1ドル＝100円のとき ‥‥‥（　　）円
> ③ 1ドル＝120円のとき ‥‥‥（　　）円

これも単純な掛け算だから簡単ですね。

① **8000万円**
② **1億円**
③ **1億2000万円**

1ドル80円のときは8000万円だった買取案件が、1ドル120円になると4000万円も値上がりしています。

企業が海外に進出する場合、買収という方法もありますし、土地や建物を購入し、自社で一から会社を起こすという方法もあります。ただ、いずれの場合も、**相手国の資産を購入する必要があります。こうしたときに円安だと高値**になります。

逆に、円高のときは比較的安くなり、企業がグローバル展開しやすいということにもなります。

前述したとおり、日本の企業は、ハイテクメーカーだけでなく、金融業、流通業、サービス業、飲食業、アパレル産業、日用品産業などがいまではこぞって世界進出を果たしていますが、その多くは2008～2012年まで4年も続いた超円高時代になされました。

当時は円高だけでなく、世界不況で株安・不動産安という状況も重なり、進出時の費用は、2015年と比較すると1/3～1/5ですんだといわれています。加えていえば、不況ゆえに失業者も多く、労働力確保も容易だったといえるでしょう。そうして進出した現地法人の利益が、円安となった現在、**所得収支効果でかさ上げされて好業績**となっているのです。

当時、「円高は地獄だ」と感じていた企業経営者も多いと思いますが、振り返ってみれば、円高は神風だったのかもしれません。

通貨の力は国の力

円安デメリットをもう少し書いておきます。円安とはすなわち、海外のモノやサービスがすべて値上がりすることにほかなりません。そうなれば当然海外のホテルも飲食店もブランドショップも「値上がり」してしまうので、海外旅行をすると以前より費用がかさむことになります。ただしこれは、旅行代理店にはマイナスになるかもしれません

が、そのぶん、わたしたちは国内でモノを買い、サービスを受けるようになるので、内需には貢献するという側面もありえます。

円安による国力の低下

最後にもうひとつ、円安の大きなデメリットを書いておきます。

> 問10　年収5万ドルのアメリカ人男性と、
> 年収500万円の日本人男性がいます。
> どちらのほうが、高収入といえるでしょうか？
> 為替レートに応じて答えてください。
>
> ① 1ドル＝80円のとき
> ② 1ドル＝100円のとき
> ③ 1ドル＝120円のとき

アメリカ人男性の年収5万ドルは、1ドル80円で換算すると400万円ですね。①の場合は、年収500万円の日本人男性のほうが高いことになります。それが1ドル100円になるとどちらも500万円で同額となります。そして、1ドル120円まで円安になると、アメリカ人男性が600万円となり、日本人男性の年収を上回ります。まったく同じ仕事をして、それぞれの国の通貨では年収も変わらないのに、グローバルに比較すると、いつの間にか他国の人よりも年収が低くなっている。こんなことが円安のせいで起きているのです。

これは国単位でも同様です。円安により日本の国力は落ちました。
　たとえば、日本と中国の GDP を例に考えてみましょう。GDP とは国民総生産のことで、その国の経済規模を表す数値です（第3章で説明します）。
　日本は 1967 年以降、2008 年まで長らく世界第 2 位の経済規模を誇ってきました。それが 2009 年に中国に僅差で抜かれて 3 位になってしまいます。
　さて、抜かれてから 6 年たった 2015 年時点では、日本と中国の経済規模はどのくらいの差になったでしょうか。
　2010 年から 2015 年までの間、中国は大体、年間 8 ％程度の経済成長をしていました。2009 年の中国の経済規模を 100 とした場合、10 年は 108、11 年は 116、12

図表9　円安で所得が下がる

年は124、13年は140、14年は148、15年は156となります（実際は複利計算のため、もう少し大きくなります）。とすると、中国経済はおおよそ6割程度伸びたことになります。

一方日本はこの間低成長で、年率で1％程度しか伸びていません。同じように2009年を100とすると、2015年の日本の経済規模は、105程度でしょう。

さて、では2015年時点で日本と中国の経済規模はどのくらい違うでしょうか。上記の計算式でいうと、中国160：日本105となり、「中国の方が5割強大きい」ということになります。

ところが、実際には、このたった6年間で、中国は日本の3倍近い経済規模になってしまいました。

なぜでしょうか。

先ほどの日本人男性とアメリカ人男性の年収比較と同じことが、国単位で起きたからです。

日本はこの間に大幅な円安で、ドル建ての経済規模は、7割程度に小さくなっています。中国はこの間、緩やかな元高により、7割以上経済規模をかさ上げしています。結果、160だったはずの中国は、1割強のかさ上げにより180くらいになり、逆に日本が70程度に落ち込んだために、日中の経済規模比は大まかにいうと3：1になってしまったのです。

こうして経済規模が3倍にもなれば、資源外交や途上国支援などで中国は日本よりも大幅に優位に立てることになります。円安によって、日本の国際的プレゼンスは大幅に下がってしまったのです。

ただ、中国は人口が日本の11倍もあります。国民1人当たりのGDPでは日本のほうがはるかに大きいという側面が一方ではあります。この国民一人当たりのGDPは、その国で暮らす人たちの生活水準や所得水準を示すといわれています。この点では日本は中国よりもまだまだずいぶん上ですが、この間に1人当たりのGDPでも日本はシンガポールに抜かれ、さらに遠く引き離していた台湾や韓国が振り向けばすぐ後ろに来ているという状態になっています。

　筆者のような1960年代生まれの人間には、このような状態に既視感があります。日本は1960年代にGDPでイギリス、フランス、旧西ドイツを抜いて世界第2位となりました。ただ、これらの欧州諸国は当時人口5000

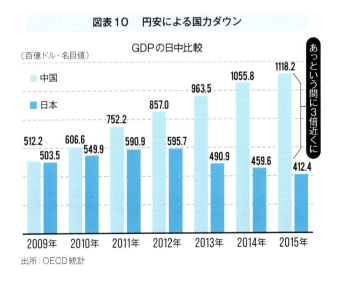

万人程度。かたや日本は1億人と倍でした。国全体のGDPでは彼らを抜いたけれど、人口1人当たりに直すと、欧州先進国ははるか遠いという状況だったのです。そこから長年かけてようやく日本は、人口1人当たりでも欧米と同水準まで追いつき、名実ともに大国となりました。

　それが**ここ数年の円安で、欧米比7割の水準にまで下がっています。ちょうど30年前の水準に戻り、もう一度やり直し**ということなのです。学校でいえば、大学生から高校生に落第したようなものです。

　円安とはそれほど国力をそぐものでもあるのです。

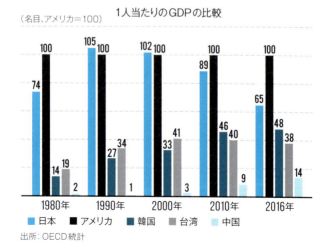

図表11　1人当たりGDPでは30年前に逆戻り

1人当たりのGDPの比較
（名目、アメリカ＝100）

出所：OECD統計

第2部

初心者編

社会を解剖するためのメス

第3章 GDPがわかると構造不況が見えてくる

　GDP（国民総生産）が一国の経済規模を示していることは既に書きました。では、どうやってこの数字は計算されているのでしょうか。

　その前に、そもそも国民総生産というときの「生産」とは何でしょうか。製造業であれば「生産」という言葉もふさわしい気がしますが、サービス業や販売業では「生産」という表現がそぐわないという気もするでしょう。

　GDPでいう生産とは「付加価値」のことを指しています。

　ただ付加価値と言い換えても、今度は付加価値とは何かがわかりませんね。

　この章では、わかっているようで、多くの人が知らない「生産」や「付加価値」の意味について考えてみましょう。そうすると、不思議なことに現在の雇用構造が奥深くまで見えてくるのです。

付加価値って何だろう

問11 付加価値とは経理的にいうと、以下のどれを指すでしょうか？

① 売り上げ
② 粗利
③ 営業利益
④ 経常利益
⑤ 税前利益
⑥ 税引き利益

　付加価値という言葉ほど世の中での使われ方と、実際の計算のされ方が異なる言葉もあまりないでしょう。一般的には以下のように用いられているのではないでしょうか。

「単純労働ではなく、付加価値の高い仕事をしろ」
「付加価値を上げるためには斬新なアイデアが不可欠だ」

　こうした日常的用法から、多くの人は「付加価値とは、想像的な行動により生み出される、他者にまねができないようなもの」と理解しているふうに見受けられます。
　ところが、GDPや経理的な計算式ではそうではないのです。問11の答えは②の「粗利」です。
　粗利とは、**「売り上げから原価を引いた残り」**の額です。

● **粗利＝売り上げ－原価＝付加価値**

たとえば、あるお店で、30円で仕入れたものが100円で売れたなら、100円−30円＝70円が粗利＝付加価値となります。

　ただ、粗利はこのお店の本当の利益ではありません。お店は、ここからさらに商品の運送費や、店の賃貸料・光熱費、店員さんの人件費、チラシに使った広告費など俗にいう「経費」を払わなくてはならないからです。ここまでの経費を支払ったうえで、手元に残ったお金が、本当の利益です。

● **粗利−経費＝利益**

　この式は以下のようにも書き換えられますね。

● **粗利＝経費＋利益**

　粗利とは、売り上げから原価を引いた残りであり、それは、利益と経費に相当するということですね。

　付加価値とは粗利のことなので次の式が成り立ちます。

● **付加価値 ＝ 粗利＝ 利益＋経費**

　経理的な言葉の意味はこれで説明できました。ではなぜこれが「付加価値」と呼ばれるのかをもう少し考えてみましょう。

ここで例としてあげた「30円で仕入れたものを100円で売る」という商行為をしたお店は、社会に対してどんな役割を果たしたでしょうか。このお店の行った活動を分解して、調べてみましょう。

① 売れそうな商品を探し、購入した
　　（マーチャンダイズ機能）
② それを店に運搬した（ロジスティック機能）
③ それを店の売れそうな場所に置き、
　　チラシをつくって集客した（販売促進機能）
④ 過去の売れ行きから見て適正な価格を設定した
　　（プライシング機能）
⑤ 店員を雇って販売行為に携わらせた（一般管理機能）

図表12　付加価値って何？

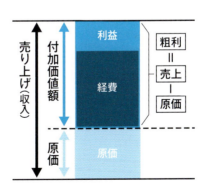

こうした仕事をすることによってこのお店は100円の売り上げを得ました。

　それはすなわち、この会社が①～⑤の商行為をすることによって、30円だったものに新たに「70円の価値」が上乗せされ、100円になったと説明できるわけです。だから、原価と売価の差、つまり、原価に上乗せされた70円分を付加価値と呼ぶのです。

　このお店は、①～⑤の機能を果たしたことで、70円分の価値を「生産」したともいえます。つまり、この商行為から上げられた生産額は70円ともいえます。

　なぜ「付加価値」や「生産」という言葉を使うのかもこれで理解していただけたと思います。このお店があることによって、あるモノの価値が70円アップしたからですね。その70円全部が会社の利益にならなくても、さまざまな経費として支払われた先の収入になっています。社会トータルで見れば、70円の富が生み出されたということです。

　こうして各事業が生み出した「粗利＝原価と売価の差＝生産額」を国全体で積み足したものがGDPとなります。

　粗利（＝付加価値＝生産額）について深く考えると社会の構造が少し見えてきますね。

　企業としては、粗利がどんなに増えても、人件費や光熱費といった経費がかかって手元にわずかな利益しか残らなければ、その事業を続ける意義を感じられません。しかし、経費として消えたお金は、必ずそれを受け取る側の収入となっているので、無駄ではないのです。それはすなわち、

その商行為がなければ発生していなかった、社会への新たな富の付加でもあり、GDPの増加にも寄与しているのです。

このように考えると、低利益だけど高付加価値（＝経費が多い）企業は、立派な社会貢献をしているともいえます。

一方で、売り上げが下がり、粗利（＝付加価値）が減っているなかでも、利益を上げることはできます。そう、経費をそれ以上に絞ればよいのです。こうした経営をすると、利益は多いけれど、付加価値は少なく、社会貢献やGDPへの寄与をしていない企業となってしまいます。

企業経営的には、経費は切り詰め、利益を上げることが求められます。しかし、それはトータルでGDPを減らしていることにもなります。つまり、社会への貢献という意味では決してプラスにはなっていないといえそうです。

ただ、社会貢献だけでは事業の拡大もできず、利益の蓄積が少なければ不況ですぐ潰れてしまうので永続性も担保できません。

こんなかたちで**企業利益と社会貢献のせめぎ合いが宿命的に起きている**ことに気づいてください。

株主評価的にいえば、資本回転率、売上利益率など、低付加価値で利益を上げることを評価する指標が多くあります。コンサルティングファームが経営立て直しに入るときにまず真っ先に行う「ターン・アラウンド」とは、低利益な事業を切り捨て、経費を切り詰めることです。そうしないと企業自体が消失してしまうので、この行為は将来を考えると社会的に正しいともいえるのですが、少なくともその時点では、付加価値を減らし、社会の富を削減している

ことになります。

ジョブレスリカバリーという病

問12 産業の空洞化が叫ばれています。
これはグローバル企業が事業所を次々に海外に
移すことを指しています。1985年の
プラザ合意以降、急激に円高が進み、日本国内の
人件費が世界から見ると高くなったため、
企業は国内拠点を閉鎖して、海外に
事業所を移したことで起きた現象です。
その結果、仕事の喪失→雇用不安が増幅されたと
いわれています。では実際に、空洞化によって、
日本の労働人口はどのように変わったでしょうか。

① ほとんどの産業で労働人口が減った
② 農業や製造業、建設業では減ったが、
　その他は微減にとどまった
③ 農業や製造業、建設業では減ったが、
　販売サービス業やホワイトカラーでは増えている

　日本の雇用論議のなかで、空洞化についてあまりにも初歩的な誤解があることをここで指摘しておきます。
　よく語られる以下のような話は、日本の実情を示していません。

- 日本の雇用全体が縮んだ
- 大学新卒採用もそのせいで縮小した

　また、日本社会全体の成長率がかんばしくなく、体感的な景気も、リーマンショック前の一時期を除けばここ20年総じて悪いことから、多くの日本企業が成長を鈍化させ、企業収益も伸び悩んでいると思いがちですが、それも間違いです。

- 日本の企業は大変元気であり、2015年に史上最高益を更新した
- 一部上場企業全体でも過去最高益となった

　これには、第２章で書いた円安による「所得収支効果」なども寄与していますが、本業自体も好調であるからこそ、意味があったわけです。本業がマイナスであれば、所得収支を勘案しても最高益更新はできないでしょう。
　ではなぜ、企業業績もバブル期より総じて悪くなっているという誤解が生じてしまったのでしょうか。それにはいくつかの理由が考えられます。

〈 理由　その１ 〉
　家電やＩＴハードメーカー、携帯電話メーカーなど、消費者に近く、認知度の高い業界の業績がすこぶる悪いこと。こうした分野は、中国・韓国・台湾メーカーの追い上げが著しく、一方で、発想力に富んだアメリカ系企業は企画・開発力で生き残っています。そうしたなかで日本企業

のみが市場での存在感を薄めているために、「日本はだめ」と感じてしまうのでしょう。ところが実際は日立、東芝※、三菱電機※、NEC、富士通などは経常利益額で近年、過去最高額を記録しています。

　じつは日本企業は主戦場を変えているのです。消費者に近い領域では、長年培った高い技術力があまり生かせず、アイデア一本で勝者が日替わりになるという危険性が大きい。だからそこを捨てて本当に技術力を生かせる領域にシフトしているのです。たとえば、原子力発電などの重電分野、軍需産業、SI（システムインテグレート）、電子部品や素材などが、彼らの現在の主戦場です。こうした川下（消費者寄り）から川上（産業寄り）への移動で、一般的なプレゼンスは下がっていますが、業績自体は好調なのです。

※東芝と三菱電機は、本業の業績は好調ですが、コンプライアンス問題やM＆Aでの失敗などが響き、最終利益では数字を落としています。

〈理由　その2〉

　メーカー以外の産業、たとえば流通や日用品メーカーなどは、国内人口の減少にともなって市場が小さくなるため、業績が悪化しているだろう、という連想が生まれがちです。しかし、人口の減少は2011年に始まったばかりであり、そのペースも年間1％にも満たないために、影響はまだ小さいものです。一方で、これらの産業も2008年以降の超円高を利用して積極的に海外進出を果たしたため、グローバルでの売り上げ増が国内の減少分を補っています。

　そう、この分野も企業業績的には決して「縮小」ではないのです。にもかかわらず、なぜ国内の景気はかんばしく

ないのか。

　この理由として語られるのが、「ジョブレスリカバリー（雇用なき業績回復）」という言葉です。

　メーカーは国内事業所を縮小して海外に移しましたが、同様に、流通業やサービス業も国内拠点は停滞傾向で、新規投資は海外拠点開発に重点を置いています。だから、企業業績は伸びても、雇用は減っているのです。それがジョブレスリカバリーの意味するところです。

　これを先ほど勉強した、付加価値やGDPで説明することにしましょう。

　付加価値とは、企業の「利益と経費」を合わせたものでした。GDPは各企業の付加価値を合計したものですね。付加価値が大きくなれば、社会全体の富も増え、景気もよくなるという話もしました。

　一方、企業は利益を上げたいと考えます。そのためには、付加価値額自体を上げることも手ですが、付加価値を上げずに「経費」を削減すれば、利益は上げられます。この方向に多くの企業が経営の舵を切ると、付加価値額が増えないために、社会の元気はなくなります。

　企業のグローバル化を、付加価値の面から眺めると、それは「人件費」という経費を、国内ではなく海外に落とす行為であり、すなわち、国内のGDPを下げてしまうことになります。メーカーの場合は協力工場なども一緒に海外進出してしまうため、こうした相手先への外注経費も、国内ではなく海外に移すことになるでしょう。これがさらに日本国内での経費支出を減じるので、GDPのマイナス

要因となるわけです。

　企業側から見れば、国内外は関係なく、全世界でどれだけの経費がかかったかがいちばんの関心事です。**物価の安い国に生産拠点を移すことで、全世界ベースで見ると、人件費や外注費が削減できる**。だからグローバル化するのです。その結果、利益は上がって、総経費は減り、なかでも国内での経費は著しく減少します。

　この構図のなかで、多くの日本企業が最高業績を上げているのに、日本国内の景気はかんばしくないという状態が起きるのです。

　グローバル化を「付加価値」の側面からもう少し見ていきましょう。それは、**人件費、外注費などさまざまな経費を、物価の安い海外現地法人に分散させる**ことを意味して

図表13　グローバル経営とジョブレスリカバリー

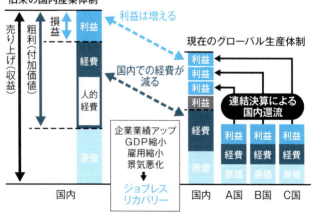

います。そうした現地法人で生産したものが世界各地で販売されると、その現地法人に利益が生じます。かつては日本国内の工場でモノをつくり、それを世界に輸出していたのだから、国内本社1社で利益を上げていました。それが、**世界各地でつくり、世界各地で売ると、各国の現地法人に利益が分散される**ことになります。

こうして分散された利益は、連結決算やロイヤリティ料、パテント料、指導料などにより、**日本本社に還流されます**。だからこそ、日本企業は史上最高益を上げられたわけですね。

このようなかたちで海外の利益が国内に還流されることを、「所得収支」と呼びます。

少し専門的になりますが、1国が国際的に儲かっているかどうかを示す指標を国際収支と呼びます。国際収支はいくつかの要素により成り立ちます。たとえば、輸出と輸入の状態から見るのが貿易収支です。観光客収入の出入りなどから見るのがサービス収支、日本から投資されたお金と日本に投資されたお金の出入りを見るのが資本収支、そして、グローバル企業の現地法人からの利益の還流などを基にするのがここまで何度も出てきている所得収支です。

こうした国際収支の要素のなかで、日本は従来、輸出と輸入の差で稼ぐ「貿易立国」でした。ところがプラザ合意後はハイテクメーカーを中心に国外に拠点を移す企業が増えたため、貿易収支は年を追って減少していきます。

一方で現地法人は生産額も販売額も増やすため、**所得収支は年々大きくなります。2004年には貿易収支を上回り**、日本の国際収支の4番バッターとなりました。その後

も貿易収支は減少を続け、2011年度にはついに輸入が輸出を上回るマイナス状態にまで陥っています。

いまだに、「日本は貿易立国だ」と思っている人が多いかもしれませんが、いまの日本は明らかに「所得収支立国」なのです。

この話は、第7章のキーポイントともなるので、ぜひ頭に入れておいてください。

図表14　日本の国際収支構造

出所：財務省貿易統計

ホワイトカラーの求人が増えている理由

ここまでグローバル化と国際収支の構造、その裏で起きているジョブレスリカバリーについて説明してきましたが、いよいよ本題に入ります。

こうしたグローバル化に伴う産業の空洞化（国内拠点の縮小）により、日本国内で大幅に減少した雇用領域はどこになるでしょうか。

それは、**第二次産業（製造業と建設業）での従事者にほぼかぎられます。**（国際競争力に乏しい第一次産業従事者ももちろん減少はしていますが、それは空洞化とは関係ありません）。

第三次産業に含まれる販売・サービス職は、販売拠点も海外で増えてはいますが、それは日本の拠点を移すという「空洞化」ではなく、新規増設です。当たり前ですが販売・サービスなどの内需産業は、国内拠点を海外に移すことはできません。

日本の販売拠点が減る理由は、空洞化ではなく、人口減少＝消費縮小にありますが、それは、前述したとおり2011年に始まったばかりです。**1980年代と比べれば、現在のほうが販売・サービス職での国内雇用は増えています。**

一方、雇用数が大きく伸びている領域もあります。それはホワイトカラーです。

「えっ？　不況になるたびに、熟年ホワイトカラーのリス

トラが叫ばれているけど」
「大学を出ても就職は厳しくなる一方だ、という話もあるし」

　こんな反論が聞かれそうですね。ただそれは、体感値と現実の大きな相違点です。
　まず、熟年ホワイトカラーのリストラは、空洞化のために起きているのではありません。日本の給与構造が年功的であり、熟年社員のパフォーマンスが給料に見合わないことが根源的な問題なのです。
　そしてもうひとつは、どの国にも衰退領域と成長領域はあるということです。だからホワイトカラーでも衰退産業にいる場合は、当然、雇用不安がつきまといますが、全体として雇用は伸びています。
　大学生の就職についていえば、直近は売り手市場ですがリーマンショックや金融不況などがあるたびに「氷河期」といわれました。ただ、データで見ると、凸凹はあれども、総就職数、大企業への就職数ともに長期的には大きく伸びており、直近では、バブル期の5割増しの数値となっています。それなのになぜいまだに大学生の就職は厳しいといわれるのでしょうか。
　それは、高校生の就職が長期的に壊滅状態にあることに起因しています。かつて高校生の就職先としては、製造業、建設業、自営業、農林水産業などの受け皿がありました。ところが、空洞化と一次産業の衰退により、こうした受け皿が縮小し続けているのです。
　高校生は卒業しても仕事がないため、大学に進みます。

それによって大学進学率は大きく伸び、大学の学生数は30年で6割も増えました。こうして大卒者が増えたため、就職が難しくなったのです。ホワイトカラーの求人自体が減少しているわけではありません。

　ではなぜ、ホワイトカラーの求人は増えているのでしょうか。答えは簡単です。まず、企業自体はグローバル展開で大いに儲かっています。当然、事業規模は大きくなります。そうすると、その大きな事業体を管理する本社機能も肥大化します。本社機能で生じる雇用ニーズとはすなわちホワイトカラーにほかなりません。だからホワイトカラー求人は増えるのです。

　この状態は、転職エージェントや採用ナビ、エグゼクティブサーチなどの、ホワイトカラー領域の人材サービスに寄せられる求人の長期的な増加傾向でも示すことができます。

　ところでなぜ、企業は本社機能を海外に移転しないのでしょうか。第一の理由は、「高度技能人材は、海外でも高給で経費節減にはならないこと」があげられます。

　先ほどの「グローバル化による経費最適化」の観点から見るとよくわかります。世界に分散させても大きく経費は減らないからですね。

　2つ目の理由は、仮に海外のほうが年収が低かったとしても、「現地で募集が難しい」という問題があります。ある程度の先進国では、自国企業の人気が高く、他国から進出してきた企業の人気は低いからです。たとえば、欧米の世界企業でも中国や日本では、採用に苦慮しています。そ

のため、欧米企業は日本や中国ではかなりの高給を支払わざるを得ず、経費面では悪影響さえ出ています。

3つ目に「マネジメント的に、国内スタッフのほうが管理しやすい」という面があります。日本企業は特にこの点を重視しすぎるので、この認識が変わるにはまだしばらく時間がかかるでしょう。

こうしたデメリットがあるために、本社スタッフは国内で調達したほうがよいと考える企業が多くなるわけです。「ホワイトカラーの採用を増やそうとしても、少子化により、採用基準に足る人材が細っているのではないか」と心配する声が寄せられそうですが、ちょっと待ってください。従来の日本において、高度技能人材領域はほぼ男性で占められている状況でした。つまり、女性はまったく活躍できていなかったのです。そのころから基礎人口が半減したとしても、いままで表に出られなかった女性が活躍すれば、トータルで人材層はまだまだ維持できます。

こうした計算があるから、企業は本社機能の海外分散を図るよりも、国内で女性活躍に軸足を置く、という経営判断をしているといえるでしょう。

ここまでをまとめておきます。

- ■　産業空洞化とは、経費の国際分散→最適化であり、雇用でいえば、それは主に製造領域で起きる
- ■　空洞化により、国内に落ちる経費は減り、GDP的にはマイナスとなり、景気は低迷する

- ■　企業の業績は、経費の最適化によりさらに
高利益体質となり、伸長する
- ■　結果、肥大化した本社機能における人材需要が
大きくなり、本国ホワイトカラーの雇用を増やす

　つまり、国内では**ホワイトカラー領域での人手不足、ブルーカラー領域での人余りという現象が同時に起きること**になります。

第4章 インフレがわかると失業率が見えてくる

　インフレとは、インフレーションの略語です。その意味は物価の上昇が起きている状態のことです。インフレに対して用いられるのが、「デフレ」という言葉ですが、こちらはディスインフレーションを略したものです。直訳すれば、インフレではない状態、つまりモノの値段が上がらないことを意味します。

　日本はかれこれ20年も物価が上がらない状態が続いてきました。長期間デフレ下にあったといえるでしょう。こうした状態から脱却するために、金融政策で人為的にインフレ傾向を生じさせようとしたのが、アベノミクスのひとつの側面です。こうした人為的にインフレ傾向を起こすことを、「リフレ」と呼びます。

　この章では、インフレというものについて考えることにしましょう。

売りオペレーションと買いオペレーション

問13 なぜデフレを脱却して、インフレを起こさなければならないのですか？

　円安によい面と悪い面があったのと同様に、インフレやデフレにもそれぞれ、よい面と悪い面があります。そして、極端に片方に振れれば、悪い側面が色濃く出るものです。そこで、あまりにもいきすぎた場合、歯止めをかける必要があります。

　中央銀行（日本でいえば日銀）の役割の1つは、そこにあります。

　インフレを止めるには、何をすればよいでしょうか。

　モノの値段が上がっているということは、「ほしい」と思う人が多いのにモノの量が足りない状態といえます。だとすれば、ほしいと思う人を減らすか、モノの供給を増やせば値上がりは止まるはずですね。ただ、モノの供給を増やそうとすれば、原材料が必要となり、それを加工したり販売したりする人も必要になります。それによって、原材料需要や労働需要が高まり、それらも値上げ（賃上げ）というかたちでモノの値段に波及します。

　一方で、「ほしい」と思う人を減らすにはどうしたらよいでしょうか。それには金利を上げることが効果を発揮します。 手元にお金がある人は、金利が十分に高ければ、いま買わずにそれを金融機関に預けておいてあとで買おう、と思うでしょう。

手元にお金がない人の場合、金利が安ければ、借金してでも買おうとしますが、金利を上げると、とても借金などできないということで購買意欲が萎えてきます。

　このようにして、インフレは金利を上げることで抑えることが可能です。

　この金利操作は、第1章で勉強した、国債市場を通して行うことが可能です。国債の金利を上げるにはどうしたらよかったか、思い出してください。

　そう、**国債の金利は国債の価格と逆相関**でした。国債価格を下げればよいわけです。国債の価格を下げるのには、2つの方法がありましたね。1つは、国債の買い手を減らすこと。そのためには、国債よりも、もっと有利な運用先が現れること。ただ、それは日銀にはどうしようもありません。

　国債価格を下げる（金利を上げる）もう1つの方法は、国債を大量に発行することです。そうすると市場で買い手がつかなくなって、値下がりします。こちらの方法なら、日銀でもどうにかできそうですね。

　インフレのときはモノがほしい人が多くなるため、国債の購入も含めて貯蓄をする人は減ります。よって、国債価格は下がり、金利は上がりがちになります。こうした下地があるなかで、**日銀が手元に保有する国債を大量に売りに出したらどうなるでしょうか。そう、国債価格が急落します。**その結果、金利が高騰することになります。これは日銀が国債を「売る」という操作で市場金利を上げているので、「**売りオペ（オペレーションの略）**」といいます。

　普通のインフレならこうした金利操作で止めることが可

能です。日銀はこうした役割を果たしているのです。

※実際は、国債の売買代金が、金融機関と日銀との間で行き来します。それを決済するのが各金融機関が日銀に設けている口座「日銀当座預金」となります。たとえば、日銀が大量に市中の短期国債を購入すれば、その代金が、各金融機関の「日銀当座預金」に振り込まれます。こうして当座預金にお金がたまれば、銀行は、お金が足りないときに、他の銀行に借りなくてすみますね。結果、銀行間の資金の貸し借りが減り、そのお金を貸し借りする市場(無担保コール市場)の利率が下がります。こうしたかたちで金利操作が行われますが、この本では、このメカニズムを簡略的に示すため、国債の売買で金利が決まる、としています。

　では、モノの値段が下がりすぎて困るときはどうしたらよいでしょうか。先ほどの逆を考えてください。これは国語の問題ですね。
　まず、金利を下げる。そうすると、貯蓄してもほとんど利息がもらえないから、それならモノを買ったほうがよいだろうと消費に向かいます。また、昔からほしいと思っていたけど、お金がなくて買えなかった人が、金利が下がったことで、お金を借りてそれを買うようにもなります。
　こうして、金利を下げれば、デフレ状態を脱することができます。
　では、金利はどうやれば下がるか。第1章を思い出してください。これまでの話を逆にすることでも答えは導き出せます。
　まず、他に有力な貸し出し先がなかったり、とりたてて買いたいような素敵な商品もなければ、とりあえず国債でも買っておこうかという気持ちが高まります。その結果、国債価格は上昇し、金利は下がる。ただ、これは日銀には

どうにもできないことです。

　もうひとつの方法は、国債が市場に出回る量を極端に少なくすることです。そのために日銀が市中の国債を買い取ってしまえば、自然と国債価格は上がります。これは、先ほどの「売りオペ」に対して「買いオペ」と呼ばれています。

　さて、ここまでの日銀の金利操作は、きわめて標準的に長い間使われてきた手法なので「伝統的施策」と呼ばれています。

　ただ、この手法では太刀打ちできないような状況に金融市場がさらされることが、しばしば起きるのです。

　先ほど「普通のインフレなら金利操作で収まる」と書きましたが、そうではない場合があります。それは、国が恒常的に歳入不足で、国債を大量に発行しすぎた場合などです。果たしてこの借金を国が返せるのかどうか。誰もが心配になるでしょう。

　こうした状況下で、インフレ退治のために中央銀行が国債を売りオペして、金利を上げたらどうなるでしょうか。

　国は、借金をしないと行政サービスを行えないために、国債を発行しますが、国債は中央銀行の売りオペで値段が下がっています。すると国は国債を売ってもその額面よりも相当少ない金額しか手に入れられません。当初の予定どおりに歳入を確保しようとすれば、国は大量に国債を発行するしかない。そうするとさらに国債の市場価格は下がります。だからまた発行を上増しします。

　この繰り返しで、金利はどんどん上がります。そのころ

には、ずいぶん金利が上がったから国債を買おうという人が出てくるかと思ったら大間違い。これまでも国債は値下がりを続けているのだから、この先はもっと下がるだろうと、どんなに高金利でも誰も国債に手を出さなくなるのです。

　一方で、市場金利がこんなに上がってしまうと、お金を借りて事業をする人たちは、その金利分を上乗せして商品を売るようになります。そこでインフレはさらに高進していきます。こうして止まらなくなってしまったインフレを、「ハイパーインフレ」と呼びます。

ハイパーインフレの恐怖

　ではハイパーインフレとはいったいどのくらいの状態になるのでしょうか。歴史を遡ってみましょう。

　太平洋戦争中の日本は、戦費調達のために、身の丈以上の国債を発行しました。戦後は、産業も壊滅状態で、商品不足に加えて税収も上がらず、インフレが高進し、結果、1943〜1948年の5年間で物価はおおよそ200倍にもなっています。これをわかりやすく説明すると、1943年に1億円をタンスに入れてそのまましまっていた人がいると、1948年には、その価値がたった50万円に落ちてしまう、ということになります。

「1億円あるから老後は安心」と思っていたら、5年後にその価値は「せいぜい2カ月暮らせる程度の生活費」にしかならなかったのです。

さて、世界に目を向けると、もっともっとすごいハイパーインフレの事例があります。それが、第一次世界大戦後の敗戦国ドイツです。ドイツは戦費国債に加えて、戦勝国に対して賠償金を払うため、戦後に国債を大量発行しました。これがとんでもないインフレを生み、1914年～1924年の10年間で、なんと物価は「1兆倍」にもなってしまったのです。1914年時点での国家予算額が、1924年には、子どもの小遣い程度の価値しかなくなってしまったということです。

ドイツには、「ビアホールには長居するな」ということわざがあるそうですが、もともとはこのハイパーインフレ時の出来事から生まれたといわれています。インフレのピーク時には、数時間のうちにモノの値段が何割も上がってしまいました。ビアホールに長居すると、入ったときと

図表15　ハイパーインフレ

出所：http://www.dai-ichi.co.jp/gold/pickup/201302.asp

出るときでは、ビールの価格が異なり、支払えなくなるケースがまま見られたのです。彼らはしかたなく、持ち金を払って家に戻ります。そして翌日残りを払いに行くと、またまた残金分が膨れていて払えない。だから払えるだけ払って残りを明日にするとさらに借金が増えて……こうしてビールを数杯飲んだだけで借金が雪だるま式に増え、破産した人がいる、などという信じられないような話があったそうです。

ただし、これらのハイパーインフレは、当時の日独ともに企業の生産活動が衰えていたことも大きな原因であり、国債残高の話だけでは説明がつかない部分も多いといわれています。

一方、中央銀行の買いオペでは解決しないデフレはどのようにして起こるのでしょうか。

まず、国内に健全な資金の借り手がいないときに起きます。どんなに金利を下げても借り手が現れず、お金が使われない状態です。

国内産業に活力がない、購買意欲をそそるヒット商品がないことや、国内市場が縮小していることなどが重なって、新規の設備投資や原材料購入への需要が低迷することが背景にはあります。

また、お金を借りたい人たちがいたとしても、彼らの信用力が低い場合には金融機関は貸し出さないので、こうした場合も資金の流れが悪くなります。たとえば、不良債権を大量に抱えて財務的に厳しい状況に陥った企業がそれにあたります。

これらはすべて、1990年代に日本の経済が直面した問題です。

　こうした状態においては、中央銀行の伝統的施策だけでは、太刀打ちできません。

　そこで同時に試されるのが、**財政投資**となります。これは、**政府が借金をして何かしらの事業を行い、民間に代わってお金を使う**ということです。ただ、その結果、景気が上昇し始めても、そこで行われた事業が**波及効果（乗数効果）**を示さないと、資金需要は一過性のものとなり、デフレ脱却には至りません。そこでまた、財政投資で国が借金をして事業を運営する。この繰り返しが起きて、日本政府は大きな借金を抱え、財政破たんが懸念される事態になってしまったのです。

　こんな状況が続いてデフレが長引いたために、起死回生の策として、リフレが登場したわけです。この話については第3部で詳しく取り上げることにします。

いいインフレ、悪いインフレ

　さて、ここで問13に立ち戻ることにします。

　インフレとデフレのメリットとデメリットとは何か。

　その基準を、「付加価値の増減」に置いて考えてみましょう。付加価値が増え、その結果GDPが増大し、社会が富む。これがいいことであり、その逆が悪いことだとします。

　ここで「実質」と「名目」について説明しておく必要がありそうです。「実質GDP」とか「名目GDP」という言

葉をみなさんも聞いたことがあるでしょう。

　一見、付加価値額が上がっているように見えても、世の中全体の物価も上がっているので、それを差し引いて考えれば、実際には付加価値が下がっているケースもあります。逆に、付加価値が下がっているように見えても、世の中の物価全体も下降しているので、それと比べれば下がり具合が少ない場合などは、実際には付加価値が上がっています。

　この「見た目」のことを「名目値」といい、「実際」のほうを「実質値」と呼びます。

　たとえば、原価も付加価値額もどちらも同じ比率で上がった場合のインフレであれば、以下のような数式で表せるはずです。

全体のインフレ率＝原価の上昇率＝付加価値の増加率

　これだと、付加価値額は増えてはいますが、それは仕入れ値も同じ率で上がっており、同時に世の中全体の物価も同じ率で上がっているのだから、社会の成長に何の寄与もしていないこととなります。

　一方、原価は変わらず、付加価値額のみが増えて起きたインフレの場合はこうなります。

原価の上昇率＜全体のインフレ率＜付加価値額の増加率

　小学校の算数が苦手な人は、このあたりで少し疲れてきたかもしれませんね。ここは言葉で説明しておくことにし

ます。

　モノの売り値とは、原価＋粗利（＝付加価値）の総額だと第2章で書きました。原価が変わらないという仮定なのだから、原価の上昇率は0です。

　一方、付加価値は伸びていますね。この伸び率をAとしましょう。

　この条件だと、付加価値部分はAの割合で伸びたけれど、原価は上昇していないのだから、その合計である「全体の価格上昇率」はAよりも小さくなります。先ほどの式を使うとこうなります。

原価の高騰率（0）＜全体のインフレ率＜付加価値の増加率

　この場合、世の中のモノの値段の上昇（インフレ率）よりも、付加価値の増加割合のほうが高いので、GDP（付加価値の総計）の成長率もインフレ率を上回ることになります。こうした社会全体が富むインフレが「よいインフレ」となります。

　逆に、原価が高騰して付加価値が上がらない場合は、以下のようになります。

原価の高騰率＞全体のインフレ率＞付加価値の増加率

　これだと、世の中全体のインフレ率よりも、付加価値の増加が少ないために、GDPは実質目減りしていることになります。つまり、経済のパイは小さくなっています。これは「悪いインフレ」です。

つまり、ほどほどのインフレだったとしても、それが、**原価（＝コスト）の上昇から起きた場合は、よいインフレとはいえない**のです。逆に、付加価値（経費や利益）の増加から起きたインフレは、社会全体を富ますよいインフレといえます。

では、どのようなときによいインフレが起き、どのようなときに悪いインフレが起きるのでしょうか。

まず、「ほしい」という人が増えた場合、企業はどのような行動に出るでしょうか。供給できる量が決まっているのであれば、それ以上は売ることができないので、値上げをして、「それでもほしい」という人に顧客数を絞るという選択肢があります。

その結果、原価は変わらず、値段が上がるため、粗利（＝

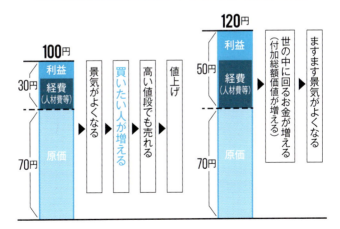

図表16　ディマンドプル型のよいインフレ

付加価値）が増えます。この場合の値上げは、**原価よりも粗利を（付加価値）を増やしているのだから、よいインフレ**です。このようなかたちで「ほしい人」（＝需要、ディマンド）に引っ張られるインフレはいいインフレなのです。これを、**「ディマンドプル型インフレ」**と呼びます。

　反対に、原価が値上がりした場合はどうでしょうか。
　この場合、原価の値上がり分を、売価に上乗せするというのが企業の1つ目の選択肢となります。
　ただ、こうした場合、「ほしい人」の数が増えているわけではありませんから、値上げすると、それを買う人の人数が現在よりも減ります。つまり販売数が減少します。
　ここで考えてみてください。この場合の値上げは原価が上がっただけなので、付加価値部分は増えていません。

図表17　コストプッシュ型の悪いインフレ

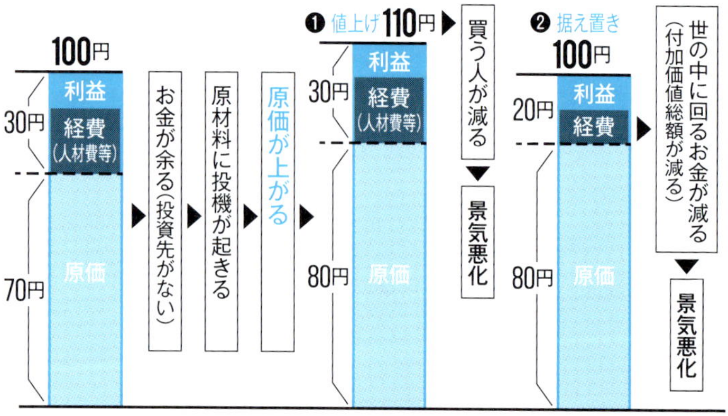

つまり、1個当たりの粗利（＝付加価値）は変わらないなかで、販売個数が減少することになります。そうすれば、トータルでの付加価値額は減少します。

　その結果、GDPの縮小＝社会の富の減少につながってしまいます。

　一方、値上げせずにそのまま売った場合はどうでしょう。

　こちらは、値段は変わらないので、いままでと同じ個数が売りさばけるはずです。ただ、売価据え置きであれば、原価が上がるぶん、粗利（＝付加価値）を削らねばなりません。結果、1個当たりの付加価値が減るため、同じ個数を売り切っても、トータルでの付加価値額は減少します。やはりこれも、GDPの縮小＝社会に富の減少をもたらすことになります。

　こうした原価（＝コスト）の上昇に押されて起きた値上げを、「**コストプッシュ型インフレ**」と呼び、こちらは悪いインフレとなります。

リフレは経済に好影響を与えない？

　アベノミクスでリフレ政策がとられる前に、専門家の間では、「リフレによって起きるのはコストプッシュ型インフレであり、それではデフレを脱却しても経済には好影響を与えない」といわれていました。

　過去の日本、アメリカ、ヨーロッパでのリフレ的政策により顕著に起きた現象は、それを実施した国の通貨安（日本なら円安）だったからです。第2章を思い出してくださ

い。通貨安は、輸入物価を引き上げ、その結果、原価アップにつながります。

リフレ⇒通貨安⇒原価アップ⇒コストプッシュ型インフレ

　というわけです。ところが実際に、リフレによる通貨安がもたらしたのは輸入物価の高騰だけではありませんでした。ここで第2章で学んだことを思い出してください。実際には右ページのような波及が起きたのです。

　これらの波及で、ディマンドプル型のインフレをも生じさせる芽が出てきたのです。

　この流れのなかで、ある産業セクターが儲かり始めるとそこからのおこぼれにあずかるかたちの「トリクルダウン（したたり落ちるという意味）効果」が発生し、景気は好循環に行き着くと、今度はリフレ派が勢いを増します。
　ところが現実はそうなっていません。
　それは③の部分の効果が思ったより小さかったからです。その理由は、第7章であらためて書くことにします。

① 資産価格の上昇
　▼
　資産家たちに資産効果をもたらす
　▼
　資産家たちの購買意欲上昇

② 現地法人の利益が所得収支効果でかさ上げ
　▼
　国内本社の好決算
　▼
　賞与UP
　▼
　従業員の購買力上昇

③ 円安で国内製造の相対的人件費ダウン
　▼
　国内への事業所回帰
　▼
　国内での雇用増
　▼
　設備投資増

第 **3** 部

初心者 編

「金利と為替」の
ブロックを
積み上げる

第5章

量的緩和がわかるとアベノミクスが見えてくる

　国債と金利のメカニズム、買いオペ、売りオペなどの日銀の金利操作法がわかったところで、実際の経済を見ていくことにしましょう。この章では、アベノミクスの本質に迫ります。

　毎日のように耳にする「量的緩和」という言葉、これがいったい何を意味しているのかを順を追ってお話ししていきます。一般的に、日銀が売りオペで銀行の現金保有を増やすことで、短期コール市場の金利を下げる行為を「金融緩和」といいます。金利を下げれば借金がしやすくなり、お金が流れだします。

　その反対が金融の「引き締め」です。金利を上げれば、借金のハードルは高くなり、なかなかお金を借りられなくなります。一方で高利となれば多くの人がお金を使わず、貯蓄に励むようにもなります。世の中に出回るお金が減り、金融市場がスリムになるから、引き締めなのです。

　金利操作による金融の緩和と引き締めについては前章で理解できたと思います。
「量的緩和」「量的引き締め」は、これと似たことをしているのですが、その目指すところが異なります。それで「量的」という言葉をつけて区別しているのです。

タンス預金がどんどん増える「流動性の罠」

> **問14** あなたはいま、借家住まいをしていて、そろそろマンションでも購入したいな、と考え始めたところです。当然、住宅ローンの金利が気になりますね。金利が下がると、マンション購入意欲はどのように変わるでしょうか？

　まだ金利水準が高いときに、日銀が積極的に国債の売りオペなどをして、金利を下げた場合、人々の気持ちはどうなるでしょうか？

　たとえば、住宅ローンの利率がいま5％であるとします。4000万円借りたら、年間200万円も利子を払わねばなりません。利子負担だけで月に16万円を超えてしまいます。都会の大手企業に勤める高給な会社員だったとしても、年間に住宅ローンに支払えるお金は、せいぜい300万円くらいでしょう。月々になおすと、25万円です。そのうち16万円強が利子で消えてしまい、元本の返済に充てられるのは残りの8万円程度。支払ったローンのじつに3分の2が利子で消えてしまうのですから借金はいつまでたっても返せません。これでは、気に入ったマンションが目の前にあっても、購入には二の足を踏む人が多いはずです。

　そこで日銀の介入により、金利が3％に下がったとします。こうなると年間の利子は120万円。月々に直せば、10万円です。毎月の元本返済額は15万円と先ほどの約

2倍になります。これなら購買意欲も高まるでしょう。

　このように、金利自体が高いときは、日銀の公開市場操作による金利引き下げが、購買意欲の喚起に効果を発揮します。

　ところが、ある程度金利が下がると、日銀の操作はあまり意味をなさなくなってきます。金利が2％の状態から、日銀の操作で1％に下がったとしましょう。同じように4000万円の住宅ローンをした場合、月々の利子は、6万円強から3万円強に下がります。一方、25万円を月々返したとすると、元本の返済に充てられるのは、18万円強から21万円強へと増えます。この程度だと、5％が3％になったときほどのインパクトはありません。

　さらに、1％を割るとどうなるでしょう。じつはいまの日本では、これ以上の金利ダウンは一般的な新築物件を購入する場合は意味をなさないのです。なぜかといえば、日本では住宅ローンを税金で補助する仕組みがあり、これを使えば、金利に応じて最大1％まで税額が還付されて帳消しとなるからです。金利1％でも実質金利は0円。0.8％でも0.5％でもその分の金利相当額が補給されるので、金利は0円で変わらないのです。これでは住宅購入は進みませんね。

　同様のことは貯蓄についてもいえます。金利が上がれば上がるほど人は貯蓄に励み、そのぶん消費を減らし、タンス預金も減らします。逆に、金利が下がると人は借金をしてでも買いたいものを買うようになります。ただ、金利がある一定線を超えて下がると、あとはどうなるでしょうか。

買いたいものはもう買ってしまった。でも金利は低いからお金を預けても意味がないし、何より預けるとすぐには引き出しにくい。こういうときは、余ったお金をタンス預金にする。そう、タンス預金が増えていくのです。

　といってもタンス預金は危ないですから、実際普通預金に入れます。普通預金はほとんど利子がつかず、自由にいつでも下ろせますから、タンス預金と変わりません。0.1〜0.2％の利子がつくからといって、定期預金や国債ファンドなどに預けるという気にもならないでしょう。ある一定の利子以下になると、貯蓄は見向きもされず、現金（タンス預金、普通預金）ばかりが選ばれてしまうのです。このように金利によるコントロールが効かない状態を「流動性の罠」と呼びます。

　さて、こんな状態になると誰もお金を使わなくなるのでモノが売れなくなります。それに合わせて生産も縮小します。そうすると原材料も値下がりし、設備投資も縮小します。さらには、従業員数も減らして人件費も減り……こうして「モノが売れない→モノが値下がりする」が連鎖して止まらなくなる状態を、デフレスパイラルと呼びます。

　これを食い止めるにはどうしたらよいでしょうか。

　国が代わってお金を使うことで景気を立て直すという方法があることはすでに書きました。ただ、この方法は、波及効果の高い事業でなければ、一時的な回復にしかつながりません。長年、国がみなさんに代わってお金を使い続ければ、効果的な事業などやりつくして、一過性の事業の割合がどんどん高まってくるでしょう。

「将来どうなるか」の予想を書き換える

　国がお金を使う方法で効果が出ない理由はもうひとつあります。いくらここでお金をばらまいても、その元手は国債の増発により、国がみなさんから借りたお金です（第1章参照）。いつか国はこのお金をみなさんに返さなくてはなりません。つまり国がいまは大判振る舞いで気前よくお金を使ってくれているけれど、将来はその借金返済のために、税率を上げるであろうということを、わたしたちはうすうす感づいています。そのため、国に付き合って自分たちもどんどんお金を使おうとはとても思いません。その結果、国がいくらお金をばらまいても消費が喚起されないのです（これを経済学では「リカードの中立命題」といいます）。

　つまり、わたしたちの消費行動は、「将来どうなるか」を想定した意思決定によって決まるといえるのです。

　デフレスパイラルに入ってますますモノが売れなくなるのも、人々が「将来を見越して」意思決定をするからです。いま買わないでおいて来年まで待てばもっと安く買える。だから待とうというわけです。だとすると、「将来どうなるか」をうまく書き換えてしまえば、消費意欲も変えられるということになります。たとえば、もうすぐ円安になりますよ！海外旅行が安いのはいまだけですよ！とアナウンスすれば、海外旅行に行く人は増えるでしょう。

　アベノミクスの本質は、「将来どうなるか」という予想を書き換えることです。その方法が「量的緩和」なのです。

　では、量的緩和とはどのように行われるのでしょうか。

原理的には、第4章で出てきた買いオペと変わりません。金融機関などがもっている国債を日銀が市場で買い上げるという行為です。

　第1章でお話しした国債の仕組みは、毎年支払われる利息（クーポン）と、購入時と償還時の価格差（利ザヤ）で、購入者が儲かる仕組みでした。これが買いオペでどうなるのか。例を用いて説明します。

　いま、手元に毎年100円の利息がもらえる国債があります。あと償還まで2年あるので、償還までには200円の利息が受け取れることになっています。
　一方、この国債を償還期限まで保有すると、購入時よりも500円高く買い取ってももらえます。ということで、償還期限の2年後までこの国債をもち続けると、トータルで、

200円＋500円＝700円

の利益を手にすることができます。
　この投資行動が現在、資金の運用として最適だと考えているなら、銀行は国債を保有し続けるでしょう。ただ、もっと儲かる話が出てきたらどうなるでしょうか。

　たとえば、「手元の国債をいますぐ売ってくれたら、800円多く支払います」という人が出てきた場合、この国債を2年後の償還期限までもち続けるよりも、いますぐ売るほうが儲けは大きくなります。

国債は市場でいつでも売り出すことができるものです。買いたいという人と売りたいという人が納得した値段で売買がなされます。

　この国債を取引する市場で、日銀が先ほどのように「いますぐ売ったほうが儲かる額」で大量に購入するようになると、国債保有者は日銀に売り払いますね。その結果、新規に発行する国債も価格がつられて上がっていくことになります。なぜでしょうか。それは、新規発行国債を高い価格で入札しても「それ以上の金額で日銀が買い取ってくれるから」と購入者は思うようになるからです。

　こうして国債の価格は上がり、金利は下がっていきます。

　ただ、金利がある程度まで下がってくると、それ以上下げてもほとんど消費意欲を喚起しない「流動性の罠」に陥

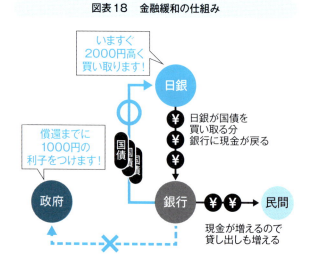

図表18　金融緩和の仕組み

ります。

　こんな状態でも、意に介さず、決められた金額に達するまで、日銀が大量に金融緩和を続ける行為が「量的緩和」なのです。

　日銀が市場で大量に国債を買い入れれば、国債を売った金融機関はその売上金額を手にすることになります。そのお金は、各金融機関が日銀にもっている口座（**日銀当座預金口座**）に、残高として積み上がります。

　その額がどんどん積み増しされれば金融機関もこのまま放っておくわけにはいかないので貸し出し行為や新たな運用先探しに力を入れます。

　そのお金で新たに国債を購入することもできますが、国債は継続的な買いオペによって価格が上がっており、しかも低金利です。だから別の貸出先、運用先を探そう、となっていく。こうして民間にお金が押し出される結果、いろいろなかたちでお金が流れ、モノが買われるようになり、「将来、物価が上がる」と予想する人が増えます。経済学的にいえば**「期待インフレ率が上昇する」**ということになります。そうなると、いまのうちに買っておこう、と消費意欲が向上するという理屈になります。

　いままでの買いオペは金利をどこまで下げるかを目標にしていました。それに対して、量的緩和は、金利もさることながら、「いくら国債を買い取るか＝市場にいくらお金を供給するか」、つまり、資金の供給量を操作することが主眼となったのです。

　この政策には効果を増すためにいくつかのオマケをつける必要があります。1つは、政策がゆるぎなく、しかも長

期にわたること。すぐに低金利が終わるのならば、また国債を買おうと思いますが、長期間続けば諦めて「他の運用をしっかりしよう」となるからです。そのためにはまず、日銀が断固たる姿勢を示すことが重要なのですが、じつは「日銀当座預金」の積み増しがよきサポート役をしています。

　銀行はお金が足りなくなると、短期資金を銀行同士で貸し合う「コールレート市場」で調達しています。この市場が「短期金利」を決めるわけです。ただ、日銀当座預金が膨れあがれば、コール市場を通してお金を借りる銀行は減少します（自分たちで自由にできるお金が手元に十分あるからです）。そのことから、短期金利が下がる。しかも当座預金の残高が途方もなく積みあがっていれば、「これから先、当分の間、短期金利は上がらない」とみんなが思うでしょう。

　こうして、「長期にわたる」というイメージが増強されていきます。

　それでもまだ足りないときは、国債以外のものまで日銀が買うようになる。そこで日銀は、土地や株が基になっているETF（投資信託と思ってください）まで購入したわけです。

量的緩和はどうやって
波及するかはナゾ

　大量の国債買い取りにより、各銀行の「日銀当座預金」

が膨れあがることは理解できましたね。ただ、そこから先の波及についてはどうでしょうか。これは当然目に見えるものではないので、具体的にどう「波及」して物価が上がっていくのかわかりにくいですね。じつは専門家に聞いてもこのあたりがかなり曖昧なのです。

そこで、第5部で経済学者の飯田康之さん(アベノミクスの理論支柱の一人)にご登場いただいて、詳しく解説していただきます。

実際、アベノミクス後、国債買い入れで金融機関の手に渡ったお金の95％程度が、日銀当座預金にそのまま置きざらしとなっている(ブタ積みといいます)そうです。民間にまわったお金はたった数％でしかありません。

なぜこれほどまでに、お金が流れないのか。まず考えられるのは、先ほど説明した「流動性の罠」です。これ以上低金利にしてもお金が流れないという状態ですね。

また、お金が余っているからといってリスクの高い借り手に低利で貸し付けを行えば、不良債権になってしまう可能性があります。日本の金融機関はバブル時代に無謀な貸し付けを行った結果、大きな痛手を負いました。それが「失われた20年」の引き金ともなったわけですから、このときのような無茶な貸し出しはしないという意思決定もあるのでしょう。

結果、ブタ積みされた日銀当座預金は、量的緩和の規模に正比例して大きくなっていき、これを吐き出させるために日銀は「マイナス金利政策」を導入しました。これは簡単にいうと、日銀に預けておくとマイナスの利子(＝手数

料）を取るよ、ということです（マイナス金利については、第8章で説明します）。

　量的緩和については、ひとつ明確なことがあります。
　それは、どの国で量的緩和を行っても、過去、必ずその国が通貨安となったことです。それも、タイムラグなく、スムーズに通貨安へと導かれます。
　小泉政権時代の日本、リーマンショック後のアメリカ、ギリシャショック前後の欧州、そしてアベノミクス後の日本。いずれの場合も、必ず当事国の「通貨安」を招いています。
　なぜ、通貨安を起こすのか。その起点となるのは、大規模緩和により当事国の金利が下がり、他国との金利差が大きくなることです。「流動性の罠」があるから消費が伸び

図表19　金融緩和で民間にお金が流れないのはなぜ？

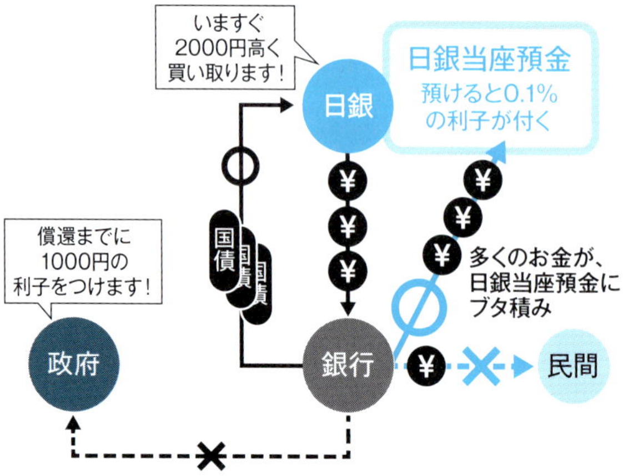

ない可能性はありますが、量的緩和により金利だけはいくらでも下げることは可能です。0以下のマイナスにだってできるのです。その結果、当事国と諸外国の金利差は大きくなっていきます。

そうなると、金利の低い国から金利の高い国へとお金が流れます。

それは緩和マネーを手にした金融機関以外でも、個人レベルでも起きますし、諸外国の金融機関も、キャリートレード（低金利の国で資金を借り、それを他国で運用する）や通貨スワップ（第8章参照）などを使ってこの流れに乗ります。

量的緩和からの通貨安はそのメカニズムが見えやすく、過去の実績もあります。だから、現在日銀委員でもある早稲田大学の原田泰教授は、「いろいろ論議はあるけれど、円安になることだけは確実だ」とアベノミクス発動前に述べています。

第6章 資源価格がわかると安倍さんの強運が見えてくる

　円安のメリット・デメリットは第2章で書きました。円安が続けば、じきに輸入価格が上がる。結果、コストプッシュ型インフレが起きる。そこに、トリクルダウン効果でディマンドプル要素も重なれば、脱デフレは近い！というのが経済の「教科書的」な読みでした。ただ、経済や景気は複雑な要素が絡み合うために、想定どおりには動きません。

　2014年には、消費税の増税があって消費が冷え、上昇基調だった物価が再び停滞し始めます。さらに、資源価格の急落があり、こちらも輸入物価を下落させてしまいます。結果、脱デフレは遠のきました。

　このように、経済や金融は、政治的要素（消費税等）や投機的要素（資源価格等）などによりいつも大きくシナリオが変わります。

　だからこそ、ニュースを毎日見なければいけないのです。理論を知ったら経済がわかるというわけではなく、理論と日々の情報で初めて経済はわかるのです。

アベノミクスの快進撃は
いかにして始まったか

　アベノミクスは現在も進行中の経済政策ですから、現時点で成功したか失敗だったかという評価を下すことはできません。また、経済、景況にはさまざまな側面があり、どの指標に焦点を当てるかによってその政策の評価は変わります。さらにいえば、それらの指標の動きすべてがアベノミクスの影響で生まれたわけではありません。そして、アベノミクスをしていなかったらどうだったかという比較検証も必要です。だから軽々に政策評価はできないのです。

　この章ではアベノミクスの成否ではなく、アベノミクスの諸相について考えます。時々折々の顔つきと言い換えることもできます。時事的なエポックが、経済のシナリオに影響することで、「顔つき」が変わってくるのです。アベノミクスの各時期の特徴を見ていくことで時事要素と経済の関係について、理解を深めることにしましょう。

　まず初めに大まかな「顔つき」ですが、わたしはアベノミクスは以下の5つの相からなっていると考えています。

Ⅰ　2012年12月〜2013年5月
Ⅱ　2013年5月〜2014年10月
Ⅲ　2014年10月〜2016年1月
Ⅳ　2016年1月〜2016年11月
Ⅴ　2016年11月以降

この分類のⅠ～Ⅲの根拠については図20にまとめています。ⅣとⅥについては第8章で説明します。

　図表20は、安倍政権ができる直前、2012年12月初めの株価（日経平均）、為替レート（ドル／円）、原油価格（国際価格）を100としたとき、その前後でそれぞれがどのように変化したかの推移を示したものです。

　Ⅰ期は3つの線がそろって上昇していきます。アベノミクス開始当初のすべてがうまく行っていた時期ですね。Ⅰ期は順風満帆期とよべそうです。
　Ⅱ期になると、為替レートは100～105円の間（図表20では120近辺）を行ったり来たりしています。このよ

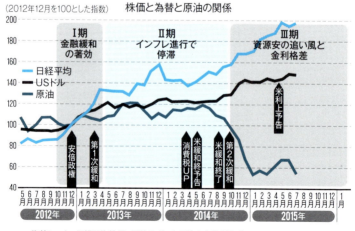

図表20　アベノミクス前半の経済トレンド
株価と為替と原油の関係

為替レート、日経平均株価、原油スポット価格から筆者作成

うに一定の幅から出られない状態を「ボックス圏にとどまる」と呼びます。資源価格も同様で、105〜120の間の少し大きいボックス圏で行ったり来たり。株価は、2013年末に160近くまで一瞬上振れを見せますが、これは消費税導入前の駆け込み需要に対応する生産増がもたらした要因であり、それ以外はおおよそ135〜150のボックス圏にとどまっています。つまり、II期は上へも下へも行かない、悩みの時期となります。

　III期になると株価と為替がまたそろって加速しだします。この伸長については、株価のほうが大きくなっています。その一方で原油価格が急落する。III期はアベノミクスの再加速時期なのですが、これがなぜ起きたかがこのグラフで説明できます。

　I期の順風満帆さは、アベノミクスへの期待相場という面がありました。金融緩和はアナウンスメント効果が強く、発表前からの織り込みや発表規模を大きくしてほしいという市場の要望（催促相場）などが重なり、早々に効果が出やすいものです。こうした状況で、為替レートや株価がいち早く反応を示します。為替レートが円安に転じると、第2章で学んだとおり、円安メリットとデメリットの両方が現れ始めるのですが、メリットのほうが先んじて生じ、デメリットは遅れて出てくるという側面があります。

　たとえば、輸入と輸出の実体経済への影響を考えてみましょう。輸出については、輸出を行った時点で円安メリットがメーカーの業績に反映されます。輸入については商社など貿易業者の業績にはリアルタイムで影響を及ぼします

が、市中の企業や一般消費者にそれが伝播するのはかなり先です。なぜなら、流通経路それぞれにストックがあり、その在庫がはけないかぎり、値段の付け替えが起きないからです。

　同様に、企業の決算にも円安メリットのほうが先に生じます。2012年度末（2013年3月末）の時点では、前年同期よりも相当大きな円安になっていました。海外現地法人の決算で上がる利益を連結決算すると、とたんに円建ての収益が膨れあがります（所得収支効果）。それを見込んで株価はさらに上がります。
　一方、円安により、原材料価格が上がりだしても、通期の原価は、期末の時点の価格で決まるのではなく、先入先出法（先に仕入れたものを先に出庫すると考えます）や総平均法（前期からの繰越分と期中仕入れ分の原価の加重平均を求めます）などにより、平準化されます。そのため、原価増による業績圧迫はそれほどありません。こうして円安メリットのみが強調されて、アベノミクス当初の快進撃が始まったわけです。

　2012年12月に民主党からの政権交代選挙があり、その次の国政選挙は2013年7月でしたが、これはアベノミクスⅠ期の快進撃が終わった直後のことです。まさに最高のタイミングでしょう。株価は高止まりしており、各種統計、企業決算も連日好数字がはじき出されました。それに加えて総理直々の要望で、5月の春闘では久しぶりの大幅ベースアップがなされ、6〜7月にはボーナスもアッ

プします。この状況での7月の参院選は自民党の大勝で終わりました。ここから安倍自民の一強時代に突入します。

円安メリットの「剥落」が始まった

　ただ、自民が大勝した参院選のころに、経済はⅡ期の「悩み多き」時期に突入しています。なぜ景気の雲行きが怪しくなってきたのか。ひとつには材料が出尽くしたことがあげられます。円安メリット、株価上昇による資産効果、期末決算での所得効果、春闘での賃上げ、そして賞与アップ。ここまでプラス材料が短期間に集中すると、その反動への不安もあって景気に停滞感が生まれてしまうのです。

　そこに、輸入物価の高騰や、企業の国際購買力低下など、円安のデメリットが出始めます。12月以降はさらに円安メリットの剥落が加わります。**円安が進んでそのレートが維持される場合、当初の円安メリットは徐々になくなっていきます。これが「剥落」です。**

　ひとつ大切な指摘をしておきます。円安が止まったときに、円安メリットが突然なくなるわけではありません。はっきり効果がなくなるのはその1年後です。

　わかりやすいように、企業業績で考えてみましょう。

> 問15　ある商店でお餅の売り上げを調べたら、11月よりも12月が2割伸び、さらに1月は5割も伸びていました。この売り上げ推移を見て、「直近はお餅の売り上げが顕著に

伸びている、2月は仕入れを増やそう」
と考える行為は正しいでしょうか？

　この企業の経営判断は日本に住んでいるみなさんならすぐに間違いと指摘できるでしょう。1月は正月だからお餅が売れる。つまり**季節変動的な売り上げ増**でしかない。

　一方これが、「昨年の1月と今年の1月を比べると、5割も餅の売り上げが伸びている」だったらどうでしょう。季節変動で増えたわけではなく、そこには何らかのトレンドの変化要因があったはずです。

　円安効果についても同様のロジックで考えると、「前年比」で見なければなりません。これをアベノミクスの年表にトレースして考えると、企業業績における円安メリットは円安が始まって1年たった「2013年12月」ごろから

図表21　BOX圏入りして1年後に円安の対前年効果は消滅

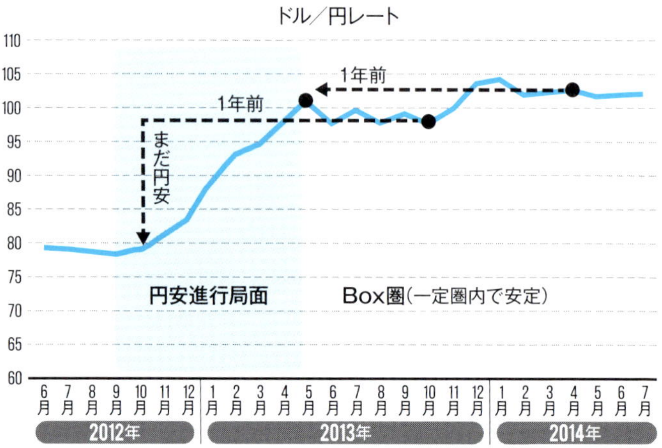

薄れ始め、それが1ドル100円前後で安定してから1年たった、2014年の5月にほぼゼロとなりました。円安メリットが完全に剝落したこの時期に、消費税アップによる消費の冷え込みが重なってアベノミクスは足踏み状態となります。

　ただ、**消費税増税だけが消費冷え込みの原因とは思えない**ふしがあります。同様に消費税をアップした1997年時とは、消費の落ち込み方や景気の動きが異なるからです。

　たとえば景気の体温計ともいわれる景気動向指数を見ると、2014年1月以降は下降トレンドに入っています。これは消費税のアップ前です。

　また、消費税アップ後の景気動向指数の落ち込み度合いを見ても、2014年のほうが1997年度よりも大きくなっています（図表22）。

「97年の増税率は2％であり、14年は3％だから当たり前ではないか」、という指摘に対しては、あらかじめ補足しておきます。

　97年は、消費税増税に所得税の減税終了も重なりました。家計にとっては、これだけで消費税2％分を超える大きなマイナス要因となります。さらにこの年は公共投資が4兆円も減らされました。まさに「泣きっ面にハチ」状態だったのです。にもかかわらず、97年の景気動向の落ち込みはそれほど大きくありません。

　一方、2014年度の増税時期は、1997年の教訓を生かし、景気を冷やさないように配慮がなされました。低所得家庭への増税分の現金還付（2000億円が一括で支給）、自動

車取得税の減税、住宅購入減税の積み増し、省エネ減税の積み増し。政策以外では、東京オリンピックが決まったことによる需要喚起も重なった時期です。これだけ景気下支え要因がそろっていたのに、この落ち込みでした。

1997年と2014年が違うという材料をもうひとつ、追加しておきます。

それは、増税から3カ月たったあとの消費の状況です。

増税前に駆け込み需要で買いだめを行うと、増税後に反動で消費が下がります。ただ、日用品を中心にした一般消費は、買いだめした分を使い切ってしまったら、再び数字は上向きます。97年はそのとおりの動きをし、4～6月期に数字を下げた後、7～9月期には回復を見せています。

では14年はどうか。消費は一向に回復せず、7～9月

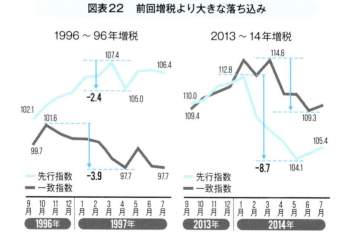

図表22　前回増税より大きな落ち込み

出所：内閣府統計

期も悪化を続けます。ここまでのデータから見てくれば、14年の消費の落ち込みとは、増税以外にも別の要因があったと考えるのが妥当でしょう。

それはいったい何でしょうか。

図表23を見てください。これは輸入価格の上昇率を示したものです。ぐんぐん上がっているのがわかりますね。すなわち、円安デメリットが色濃くなっています。そう、アベノミクスの副作用が頭をもたげだしていたのです。

消費が冷えた大きな理由は、輸入物価が上がったことにあったのでしょう。この物価上昇は、一般の人にはわかりづらい状況でした。

ひとつには、この時期に値上げされた牛丼やハンバーガーなどの「輸入食材」をもとにした外食商品などは、元

図表23　円安デメリットで輸入物価上昇

出所：日銀統計

値が安すぎたため、痛みを感じにくかったからです。

　また、輸入物価の上昇を価格に転嫁できず、経費と利益の削減でしのいだ企業も多くありました。第3章で書いたとおり、これは付加価値の削減であり、GDPの縮小＝景気の悪化要因となります。**原材料費の変動は、それがほんの少しであったとしても、企業業績には何倍にもなってのしかかります**。これを「ブースター効果」とか「アンプ機能」と呼びますが、こちらは後ほど詳しく説明します。

　ほかにも、たとえば280円均一の居酒屋が290円均一になるなど、小さく刻んだ値上げだったり、もしくは、スナック菓子やインスタント食品のように、値段は変わらず内容量を減らすという調整をした企業も多くありました。

　こうして物価上昇はあまり消費者に意識されず、その実、確実に消費や企業業績を冷やし、GDPを縮小させていったのでしょう。

　アベノミクスの理論的支柱ともいえる浜田宏一さん（イェール大学名誉教授）が、「そろそろ量的緩和のマイナス側面が頭をもたげだす」「次は、財政投資や規制緩和で景気の持続を図らねば」[※1]という発言を繰り返したのもこの時期です。

　金融による底上げは終わり、これからは生産増・雇用増など実体経済の伸長が望まれる。そのためには、まず、国内設備の増強が図られなければなりません。もう、国内の生産余力は底をつきかけていたのです。

　BNPパリバ証券経済調査本部長の河野龍太郎さんは、「スラッジ（生産余力）がなくなり、これ以上の成長は難

しい状況」[※2]と、図表24のような資料を提示しています。

※1,2「週刊エコノミスト2014年9月16日特大号特集：円安インフレが来る」より

　それでも第7章で触れるように、企業は国内生産設備の増強に積極的ではありませんでした。
　浜田宏一さんは、こうも指摘しています。
「これ以上の量的緩和はマイナス面が大きくなる」
　そう、緩和で確実に起こる円安は、コストプッシュをさらに昂進するため、消費が冷え込み、期待インフレ形成には悪影響を及ぼしかねません。
　ところが、日銀の黒田総裁は、この直後の2014年10月に市場の予想を上回る規模のサプライズ緩和を発表します。そして消費は冷え込み、景気は失速……とはなりませんでした。

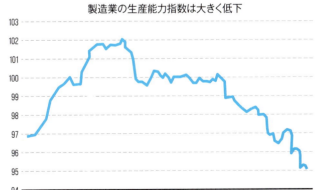

図表24　余力不足になっていた日本経済

製造業の生産能力指数は大きく低下

出所：週刊エコノミスト2014年9月16日特大号
「特集：円安インフレが来る　第1部　不都合な現実」

このあたりが経済の予想しづらいところでしょう。

なぜ、黒田さんは浜田さんの忠告を破ってまでサプライズ緩和をしたのでしょうか。理由はいくつか考えられます。

① ８月以降、資源価格がピークアウトし、物価上昇率が下降し始めた。そのため、円安によるコストプッシュが帳消しになるという読み
② 資源価格の急落は、インフレ率の足を引っぱりかねないため、対抗措置としての円安強化が必要という読み
③ １年半も続く株価停滞状況から、株式市場では、日銀の追加緩和を待望する声が高まり、それが株価に織り込まれつつあったため、緩和をしないと、失望売りで株価暴落に見舞われるという読み

こうしたファンダメンタルズ（主要な経済指標）に関わるものとは別の理由も考えられました。

④ この時期、次の税率アップに安倍総理が後ろ向きという報道がなされていた。そこでサプライズ緩和で景気を下支えし、増税環境を整えたかった

財務省主税畑出身の黒田さんだけに周囲からはこんな観測がなされましたが、本人でないかぎり真相はわからないところです。

この黒田バズーカ（バズーカ砲のように強力という意味）第二弾に市場は大よろこびします。年間の緩和規模を50

兆円から80兆円にまで上げ、株式や不動産のETF買いも予想以上に増額するという発表は、市場の予想を大きく超えていたからです。

為替は一気に円安に向かい、長らく超えられなかった110円の壁を突破。株価もこれに呼応して、1万5000円を上抜けます。

ただし、景気的には気になることがあります。そう、円安による輸入価格アップからの消費の冷え込みです。

工業原料が軒並み大幅値下がりという「神風」

ここで、まさに神風が吹きます。
資源価格の下落幅が一気に大きくなったのです。
石油は12月までにピーク時の半分に落ち込み、石炭、鉄鉱石、ボーキサイト、綿花、羊毛、穀物……おおよそ工業原料のほとんどすべてが、大幅な値下がりを開始しました。

輸入の元値が大幅にダウンしたため、円安の価格アップをはねのけて、輸入物価は下がったのです。

図表26を見てください。円安の進行に歩調を合わせて上昇して来た輸入価格が、この時期まったく逆の動きを見せます。円安とまるで逆相関するように輸入物価が下がる。これなら国内消費が冷えることはありません。

何が起こっていたのかというと、円安による競争力アッ

プや所得収支効果、資産効果、インバウンド観光客吸引などさまざまなメリットがあるなかで、その代償となるデメリット＝輸入価格高騰が起きていないという状況です。

まさに「盆と正月が一緒に来た」ようなものですね。なぜこのようなことが起きたのでしょうか。

これもいくつもの要因が考えられます。

■　シェールガス、シェールオイルの産出増による石油、石炭、天然ガスのだぶつき
■　中国のGDP成長率が2010年をピークに低下しており、一方で住宅や設備余剰が騒がれ、長期にわたり原材料需要が低迷すると予想された
■　クリミア占領で経済制裁を受けているロシアをさらに追い込むため、同国の外貨獲得源である原油価格を下

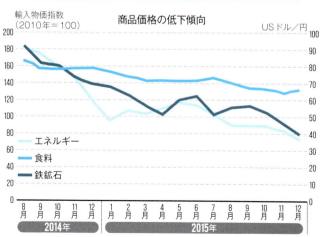

図表25　石油以外も価格大幅ダウン

商品価格の低下傾向

出所：日銀統計

- 落させようと、欧米諸国が原油の減産を行わなかった
- ISIS（イスラム国）を追い込むため、同組織の収入源である原油の価格を低落させようとOAPEC（アラブ石油輸出国連合）も石油減産に応じなかった

真相はどうあれ、こうして起きた資源安のために、日本には**円安メリットを享受しながらデメリットを免れている「盆と正月」状態**が生まれました。

選挙上手な安倍総理は、為替が110円を、日経平均株価が1万5000円を上抜けたころあいを見計らって、衆院解散→総選挙に打って出ます。このときの解散の名目は、「消費税再増税の延期を問う」でした。景況感が高まり安倍政権への信認が高まる半面、世間は消費税増税の痛手をまだ忘れていない時期です。安倍さんの「増税を延期する」

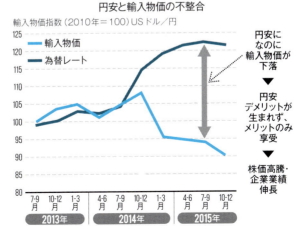

図表26　円安なのにデメリットが起きない

円安と輸入物価の不整合

出所：日銀統計

という提案が受け入れられない理由はありません。

　結果、12月の総選挙でも安倍政権は大勝を果たします。

　いい面の皮だったのが日銀の黒田総裁です。「サプライズ緩和で景気を底支えし、増税へ」という目論見が完全に裏目に出てしまったのですから。

　しかも、資源価格はこのあと1年以上も下落を続け、原油などはピーク比4分の1以下となってしまうのです。こうした輸入価格の低下による物価下落は、デフレ脱却を遠のかせてしまいます。

　日銀副総裁の岩田規久男さんは、かつて「ミクロの価格変動の足し算で物価変動は語れない」と話した[※3]ことがありますが、短中期的には、資源安が明らかにインフレ率の足を引っぱりました。

※3　2014年6月30日一橋総合研究所主催　講演「量的・質的緩和」とわが国の金融経済情勢より

　さて、資源価格の急落による原材料費の低減で、企業業績はどのように変化するでしょうか。

　先ほど出てきた、**ブースター効果やアンプ機能**というものについて、ここで少し詳しく説明をしておきます。

　メーカーや飲食店などの収支構造をざっくり図示すると、次の図表27のようになります。

　大体、原材料費が3割強。これに経費が6割乗っかって利益は1割といった構成です。

　ここでたとえば原材料費が10％値下がりするとどうなるでしょうか。

　原価は3割だからこの10％とすると、全体売り上げか

らすれば3％程度の収支改善となります。

業績的にはどうなるでしょうか。

他の経費がまったくそのままだとすると、3％がそのまま利益に上乗せされることになります。

先ほど示したとおり、利益は売り上げの1割（10％）だったとしましょう。ここに3％が加算されるので、13％が新たな利益となります。

ここで決算をするとどうなるでしょうか。

この企業の利益は売り上げの10％から13％へと増えます。これは、10だった利益が13になるということなので、30％の増益にほかなりません。

原材料費の1割の値下げが3割の増益を生む――とてつもない増益要因になるのがわかっていただけましたか。1割が3割という、**こうした業績かさ増しのことを、ブース**

図表27　資源安が起こす増益ブースター効果

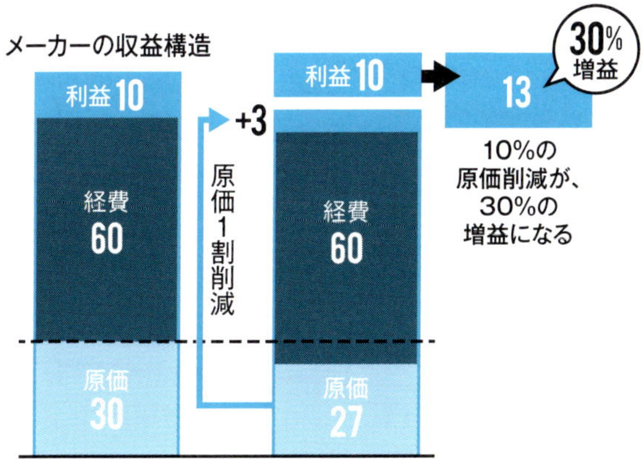

メーカーの収益構造

利益 10 ／ 経費 60 ／ 原価 30

原価1割削減 +3

利益 10 → 13　**30％増益**
経費 60
原価 27

10％の原価削減が、30％の増益になる

第6章　資源価格がわかると安倍さんの強運が見えてくる

ター効果とかアンプ機能と呼ぶのです。

　こうして2014年秋口以降の資源価格の低下は各企業の業績を大幅に底上げします。

　さらに円安による輸出価格アップ、現地法人業績の所得収支効果が加わります。

　円安進行は2015年5月まで続き、資源価格低下は2016年1月まで進行しました。先に書いたとおり、企業業績は前年比で見るため、こうした円安・資源安は進行が終わってボックス圏入りしたあとも、業績底上げ効果はその先1年も続きます。

　つまり、日本企業は当分の間この世の春を謳歌することになるわけです。

　ちなみに、2014年度のトヨタ自動車は前年比で4584億円の増益となりました。このうち、為替要因が2800億円で、増益額の61.1％を占めています。原価改善も増益の大きな要因でしたが、こちらでも資源価格の低下が寄与した割合が大きいと思われます。

　ただ、これでも「盆と正月」効果は序の口なのです。資源安も円安の再燃も秋口以降に起きたため、14年度はその半分くらいしか効果を発揮していません。これが本格的に効いてくるのは2015年です。

　15年度のトヨタの世界販売台数は前年比-3.2％と減少しています。にもかかわらず、為替（1600億円増益要因）と資源安（原価改善3900億円の相応部分）が業績を底上げし、前年比で1033億円もの増益となりました。

第4部

中級者編

時事情報でブロックに色を塗る

第7章 Jカーブがわかると日銀の苦悩が見えてくる

　2014年の後半には、日本経済にとってとんでもない追い風が吹き始めました。それは円安下での資源安です。これにともない、円安なのに、工業原材料と食料品が一斉に大幅な値下がりをしました。これで円安になってもデメリットは生じず、メリットだけを享受することができる、いわば、盆と正月が同時に来た状況となります。

　この機を見計らって、日銀は大幅な追加緩和に打って出ました。この資源価格の下落は、2016年1月までの長期にわたり持続します。これは（企業業績は対前年比で計算するため）2016年末まで業績が底上げされることを意味します。

　これだけ長期にわたって盆と正月が続けば、今度こそ日本経済は巡航軌道に乗り、デフレスパイラルから脱出……といきたいところでしたが、そうは問屋が卸しませんでした。短期的には資源価格の値下がりで上がりかけた物価がまた停滞したことが原因です。さらにもうひとつ、根本的な問題がありました。

　それが「Jカーブが起きない産業構造」です。

　Jカーブとは何か、なぜいまの日本にはそれが起きないのか。そして日本を取り巻く海外の状況などをこの章で説明します。

円安で一時的に貿易収支は悪化する

> **問16** 買いたいという人が多いので、その企業の経営者は、あるヒット商品の値上げをすることにしました。値上げ分だけ売り上げも利益も増えます。さて、これ以外に売り上げや利益を増やす方法があるでしょうか？

　この問題に答えるヒントとして、Jカーブについて説明していきます。考え方としては同じだからです。図表28を見てください。これは、円安が進んだときの貿易収支の推移を示したものです。貿易収支とは、輸出量と輸入量の差額のことですね。円安になると当初は輸出額も輸入額も増え、国際収支はトータルではあまり変わらず、という状態になります。それからしばらくすると今度は輸出がグーンと跳ね上がり、貿易収支が大きく改善します。この流れをグラフにするとちょうどアルファベットの「J」の字の形となるために、Jカーブと呼ばれているのです。

　なぜ、このようなことが起きるのでしょうか。
　まず、円安になると輸入物価がリアルタイムで上昇し始めます（前述のとおり、これが消費者物価に反映されるまでには、タイムラグが発生します）。一方、輸出面でも、商品の売上単価が円建てでは大きくなります。これは第2章で書きましたね。円安になると同じ数量売り上げたにもかかわらず、輸出総額が伸びるわけです。ここまでが第一段階。Jの字の下のカーブのあたりまでです。

このトレンドのなかで企業は次にどのような経営意思決定をするでしょうか。答えは、「現地価格の値下げ」です。少し値下げしても利益は十分に出るので、価格を下げて商品をたくさん売ろうと考えます。韓国や中国の企業は値下げしたくとも元やウォンが安くなっていないので、その余資がありません。結果、日本企業のみが値下げできるため、大幅にシェアを拡大できることになります。

　円高の場合はこの逆のことが起きます。円建てでは同じ値段でも、現地の通貨に換算すると大幅な値上げとなってしまいます。そのため、中国や韓国の企業に日本企業が一人負けしてしまいます。2008～2012年の円高局面で日本企業が製造拠点の海外移転を加速させたのもそのためでした。

　今度はその逆で、**円安になったら日本企業は国内に工場**

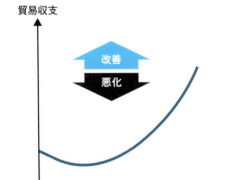

図表28　Ｊカーブ効果

を戻して生産量を増やし、輸出をもっと増やせばいいことになります。そこで国内事業所への新規設備投資をして、そこで働く人を新たに雇うことが必要になります。そのためには準備が必要です。よって、輸出の「数量」は一定の時間をおいてから増え始めます。これが、Jカーブの理由です。

　実際、アベノミクスが始まって半年したあたりから、富士通、シャープ、パナソニック、日産自動車などの大手メーカーがこぞって製造拠点を国内に戻しました。

トヨタが製造拠点を
日本に戻さなかった理由

　しかしながら、こうした報道のなかには日本最大のメーカーであるトヨタの名前が見られませんでした。トヨタは事業の国際最適化を考え、消費国（もしくは消費国の周辺国）で生産・販売することを基本戦略としています。それがもっとも為替変動を受けにくいからです。このロジックの下で、日本国内で販売する自動車については、なるべく国内で生産しようと「国内生産400万台」を掲げていました。

　一方、多くの自動車メーカーは、利益の最大化を考え、国内販売分も、大衆車を中心にタイなどで海外生産し、それを日本に輸入していました。その場合、大幅な円安になると輸入価格が上がって利益が目減りします。そこで、国内販売分については、国内でつくるべく製造拠点の回帰を

したのです。
　もうおわかりですね。この場合の生産拠点の国内回帰は、**輸出増のためではなく、国内消費分を賄うため**でしかありません。ですからＪカーブは起きず、国内設備投資も最小限にとどまりました。
　超円高当時の多くの日本企業は、このように「国内消費分まで海外でつくり、それを輸入する」という方針をとり、海外依存度を相当高めていました。そのため、2011年に日本は貿易収支で赤字になります。あの「輸出立国」だった日本が、貿易赤字国に転落していたのです。
　ただ、アベノミクス以降の円安で、国内消費分は国内生産に切り替えたため、2015年には貿易収支もかなり改善しました。その原動力は輸出増ではなく国内消費分を国内生産に戻したため、輸入が減少したことです。

　普通に考えると、国内消費分を国内生産に戻し、そのあと輸出まで拡大させる、という道筋になるはずです。
　ところが、生産の国内回帰の波は、そこまで行かなかったのです。つまり、輸出数量を増やすほどの生産アップは起きませんでした。
　本来なら、円安になると輸出先でかなり「儲けが上乗せ」されるから、少し値引きして、競争力を増し、輸出数量も増やすはずでしたよね？
　ところがデータで見ると、儲けの上乗せ分は現地での値引きにまわさず、そのまま円建ての利益として受け取るだけの企業が多くなっています。
　図表29は、為替レート、円建ての儲け、現地の値引き

の3つをグラフ化したものです。為替レートの線が上に行くほど「円安で儲かっている」ことを示します。この儲けは、2014年秋口まで圧倒的に「円建ての増益」に向けているのがわかるでしょう。このあとは、次第に「現地値下げ」が大きくなって、「やはり値段を下げて輸出数量を増やしたのか？」と思いがちですが、それは間違いです。

現地値下げの流れは2015年秋口から、為替が反転して円高に振れても止まりません。儲けは減るはずなのに、それでも現地値下げは続きます。その理由は簡単です。この当時は、資源安＝原価低減の絶頂期であり、このメリットは日本企業のみならず、全世界のメーカーが享受できたため、値引き競争が激しくなり、こうした「現地での値下げ」を余儀なくされたのでしょう。

このことを証明するデータを1つ加えておきます。

図表29　Jカーブ効果が起きない理由

出所：日銀企業物価指数

前年比で見た円安状況、資源の価格など、近年で交易条件が最高によかった2015年は輸出数量が増えて当然でしょう。すでにこのころは安倍政権誕生から3年近くが経過しています。

　前年度比で見ると、たしかに金額は多くの品目で前年比増を示しています。しかし、数量については、マイナス系が圧倒的に多く、自動車でさえかろうじて1.8％のプラスにしかなっていません（図表30上段）。ちなみに、自動車の輸出台数はその前年、前々年と2年連続で減少しており、また、この年から翌年にかけてもまたマイナスを記録しています。日本の輸出の四番バッターでさえこの状況です。

　もう少し長期でアベノミクス前（2012年）と直近（2016年）の輸出について見たのが図表30の下段となります。この4年間で、数量、金額ともに伸ばしたのは、紙類とプラスティックだけ。多くの製品が数量ではマイナスを記録しています。

　つまり、アベノミクス後に、輸出を本気で増やしたのはごく一部の産業だけであり、**Jカーブは起きずに、円建て価格の上昇だけで企業は利益を上げていた**ということがわかるでしょう。

　これはいったいどうしてなのでしょうか。

　第3章にも書きましたが、日本の企業は、ここ20年にわたって円高を逃れるために、海外に生産拠点を移してきました。海外で現地生産・現地販売をすれば、当事国内で事業が完結するため、為替変動の影響を受けないからで

す。海外生産・海外販売が進んだ日本企業は輸出を減らしていき、国際収支の稼ぎ頭は貿易収支に代わって所得収支になりました（図表14）。所得収支とは、日本企業が海外投資で得た利子や配当などの収益から、外国企業が日本国内への投資で上げた利子や配当などの収益を引いたものです。対外投資が増えればこの収支はプラスに振れます。

ここまで世界分散体制を整えた日本企業は為替変動から逃れられて自由になったともいえますが、その対価も支払

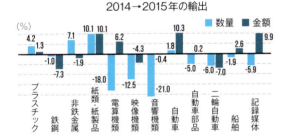

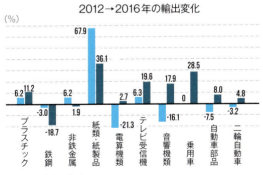

出所：財務省貿易統計

わねばならなくなりました。**円安になったときに「現地価格を下げ、日本で生産を増やして輸出を増やす」ことができなくなったのです**。そんなことをすると、今度は現地や第三国の工場がダメージを受けてしまうからです。苦労して軌道に乗せた海外拠点を潰すわけにもいかないし、この円安もいまだけかもしれない。だから国内投資をして輸出を増やすという選択ができなくなってしまいました。その代わり、現地価格はそのままにして、円建て価格上昇効果→所得収支効果で増益をはかる戦略をとったわけです。

　こうした事情で円安になってもＪカーブが起きませんでした。国内の設備投資も、国内販売分を賄うための小幅なものに終わり、**新規雇用も基本は、臨時工や派遣社員などの非正規が中心**でした。その結果、国内景気は盛り上がりに欠け、本格的な需要と消費の増加は起きず、期待インフレ率は想定どおりには高まらないという残念な結末となったのです。

　ちなみに、アベノミクス初期に、Ｊカーブやトリクルダウンがしきりに叫ばれたころ、「実際、EU（とりわけドイツ）は量的緩和によるユーロ安で、Ｊカーブが起きた」という話が語られました。ただ、欧州諸国の分散生産は、旧植民地国と東欧の比率が高く、どちらもユーロと連動性が高かったため、世界一斉値下げ、世界一斉増産ができたのです。それでＪカーブが成立したといえるでしょう。

中国の高度経済成長期は終わったのか？

　ここで少し話題を変えて、近年成長著しい中国に目を向けてみましょう。

　日本の景気がよくなって、国内の消費や生産が盛り上がり、総需要の拡大からインフレ基調が定着するためには、世界経済が順風でなくてはなりません。とすると世界経済のキープレイヤーである中国の経済状況がどうかを考えておくことが、日本の今後を占う大きな要素の1つになります。

　中国は長い間、年率10％を程度の経済成長を続け、2009年にGDPで日本を抜き、世界2位の経済規模を誇るまでになりました。その高成長が世界全体の景気を牽引してきたのは疑う余地のないところです。

　しかし、2011年以降中国の経済成長率は年を追うごとに低下しています。9.5％、7.9％、7.8％、7.3％、6.9％となり、16年には6.5％程度に収まると予想されています。中国は現在の経済計画（第12期計画）で、今後当分の間6〜6.5％の成長を続けると宣言しました。2ケタ成長とは程遠い目標値です。

　ただ、わたしは「6％の成長でも上出来だ」と考えます。いや、予想以上の健闘でしょう。

　中国が年率7％程度の経済成長を始めて、いわゆる高度経済成長期に突入したのは1999年。そこから17年間、2015年までの間、このペースを保っていました。

　これを日本の高度経済成長と比較してみると、面白いこ

とがわかります。日本も同様に年率7％を超える高度成長を始めたのが1957年。ここから同じように17年間が高度成長期となり、それは1973年に終わっています。ここから先、日本は安定成長期となり、その後の10年間は平均4.1％という巡航速度に成長率を落としました。

　日中のこの状況を年表にして重ねたのが図表31です。

　多くの先進国で、過去を振り返ると高度経済成長期がありました。そして、それはやがて終了し安定成長期に移行しています。なぜこのようなことが起こるのか。それは、2つの側面から説明が可能です。

　1つ目が、「ルイスの転換点」。

　工業生産の上昇には、旺盛な労働需要がともない、その多くは農業から移行してくる人口により賄われることにな

図表31　日中の高度成長期とその後

出所：内閣府統計、中国政府発表統計

ります。集約が進まない途上国の農業生産性は、工業生産性よりも低いので、安価な労働力が農村から工業地区へと供給され、工業は飛躍的な発展を見せます。ただ、こうして農業従事者が減っていくと、農村の余剰労働力が底をつき、**工業が成長に必要な新規労働需要を満たせない状態**が起こります。それをルイスの転換点と呼びます。1979年にノーベル経済学賞を受賞したアーサー・ルイス氏により提唱されました。

中国はすでにルイスの転換点を超えてしまったのではないかという論議があります。中国の場合、各都市が戸籍をもち、他所からの移入が自由に行われないため、農業から工業への労働移動はなかなか進まず、一気にルイスの転換点を超えることはないといわれています（都市戸籍は2014年以降、緩和する方向）。

ただ、中国では都市戸籍をもたないまま工業に就く人は多く、こうした人（農民工）は、2011年の段階で2億5000万人を超えているといわれています。これは労働人口に占める割合で3割程度となり、相当大きな農業→工業への移動がなされたといえるでしょう。そのため、段階的ではありますが、中国はルイスの転換点を超えつつあるというのが現状といえそうです。昨今の農業・建設業従事者の賃金上昇率が、都市部のそれを上回る状態が続いていることを見ても、新規労働力確保に苦慮していることがわかります。

高度経済成長が止まるもう1つの説明としては、「**中進国の罠**」があげられます。先進国と途上国の間に入るのが

「中進国」です。経済成長を遂げて、GDPも大きくなり、その国の生活レベルを表す「国民1人当たりのGDP」も高まってきた状態です。国民1人当たりのGDPが、先進国の2割を超えたあたりから、中進国の仲間入りをするといわれています。G7に入るような先進国の国民1人当たりGDPはおおよそ4万ドル以上なので、その2割となる8000ドルを超えたあたりから「中進国」と呼ばれるようになるのです。

　中国は2015年にこの水準に達しました。

　国民1人当たりのGDPは、その国の生活レベルを示しますので、賃金水準もこの数字に比例すると考えてよいでしょう。とすると、中進国の賃金水準は、先進国の2割程度ということになります。このレベルならまだまだ安いから中進国に工場を出そうかという企業が多くあるだろうと思うかもしれません。しかし、そうはならないのです。

　海外生産には、直接人件費以外にも多くの費用がかかります。本国からの赴任人材や、本国との連携に関わる費用、カントリーリスクを見込んだ予備費、などです。結局、人件費が2割だとしても、実際はその倍くらいかかってしまいます。だとすると、国内の地方都市で非正規従業員ベースで生産をしたほうが安い、というのが現実なのです。

　ですから、製造業では、「人件費水準が2割を超えた国には新規投資をしない、3割を超えると進出規模を縮小する」などと一般的にいわれています。

　中国はこの水準に既に達しています。そもそも、共産党主導の国家運営のため、何かと窮屈な思いをさせられがちな国柄でもあり、時折暴動や争議にも見舞われるので、進

出企業はそうでなくても代替国を探していました。そこに人件費まで上がってきたのだから中国投資を減らす——これが俗にいう**「CHAINA＋1」戦略**です。要は中国以外にもうひとつ、アジアに拠点をもつということです。

中国「一人っ子政策」負の遺産

　日本の安定成長期になぞらえれば、中国はこの先10年は4％程度の成長でもおかしくありません。そう考えると6％を超える成長を見込むいまの計画は、十分高いでしょう。だから「上出来」なのです。

　一方で、中国には安定成長期の日本よりも将来を悲観させる材料もあります。それは人口構成です。

　日本は安定成長期に入ったあとも、国内の総人口・生産年齢人口（15〜65歳）が増え続けました。人口の増加が続けば、労働力や消費も増え続けます。これを**「人口ボーナス」**と呼びます。一方、それらが減り始めれば、労働力も消費も縮小しています。これを**「人口オーナス」**と呼びます。

　日本の場合、ちょうど安定期入りしたころは、第二次ベビーブームであり、そこから生産年齢人口は1996年までまだ20年以上も増えました。総人口はさらに9年伸び、2011年から減少に転じます。この間、人口ボーナスにあずかることができたのです。

　中国は、1979年から始まった一人っ子政策が、この面で大きくマイナスに寄与しています。同国のデータでは

2011年にすでに生産年齢人口がピークになったと発表されていますが、こちらは、生産年齢人口を「60歳まで」としています。世界標準である65歳に置き換えると、労働人口の減少は2016年からとなるでしょう。それでも生産年齢人口はすでに減少期に突入しています。さらに2020年代になると生産年齢人口は毎年800万人近い規模で減少すると予想されます。

中国の場合、日本よりも寿命が10歳近く短いために、生産年齢人口の減少から総人口の減少までのタイムラグは小さくなり、2020年代前半には総人口も減少に転じるはずです。

とすると、いまの中国は、日本に置き換えれば「オイルショックが終わったとたん、人口オーナス期入りしてしまった」ようなものです。

中国もそれに気づいて2013年に「両親のうちのどちらかが一人っ子であれば、2人まで出産を許す」と一人っ子政策を大幅緩和し、2015年には完全に廃止しました。しかし2014年、2015年の出生率は0.01から0.02程度しか上昇していません。この時点では一人っ子政策前に生まれた人口のボリュームゾーンが35歳〜40歳で、彼女らが第二子を心待ちにしていたのなら一気に出生率は高まるはずでしたが、ほとんどそれが起きませんでした。

それには深い理由があります。

同国の所得水準は先進国比でまだ2割程度と低いにもかかわらず、大学進学率はもう5割です。これは日本の2010年の水準です。こうした「低所得かつ高学歴」社会では、子供の教育費を考えれば一人っ子が前提になってし

まうのです。そして、女性の高学歴化が進んでいるため、学齢上限が伸び、結婚年齢、出産年齢が上昇しているため、出生率にはマイナスの影響があるともいわれています。こうした要因があるので、中国での出生率は一人っ子政策緩和や廃止でも回復しなかったのでしょう。

　再度、日本にたとえるならいまの中国はこうなります。

■　経済は日本の1970年代
■　人口構成は日本の1990年代
■　教育レベルは日本の2010年代

　中国経済に関していえば、循環的要素で一時的な回復はあるでしょうが、今後の経済展望は決して明るくはないといえそうです。日本の今後は、中国頼みでは立ちゆかなくなるでしょう。

第8章 **トランポノミクスがわかると その先の崖が見えてくる**

　アベノミクスで始まった量的緩和は円安を生み、そこから円安メリットで輸出産業の好調、資産効果、所得収支効果、爆買い観光客、などの好影響の連鎖を起こし、デフレ脱却の芽は膨らみました。

　そこに世界的な資源価格の下落が起こります。これで、円安なのに輸入物価が下がるという、「盆と正月が一緒に来た」状態となり、企業の業績は著しく底上げされることになりました。ただ、国際分業を進める日本企業は、それでも、国内工場の稼働率を大幅には上げません。ゆえに、本格的なJカーブは生まれませんでした。そしてこの資源価格の下落は、一方では、輸入物価を低下させ、脱デフレは遠のいていきます。

　世界を見渡すと、中進国の罠に陥った中国が成長スピードを落とし、世界経済のけん引役は不在となりました。そして2016年になると、為替も資源価格も反転を始め、「盆と正月」状態の終焉が見えてきます。

　こうした、景気下降が予想されるなかで、日本の金融政策担当者は奇手を講じました。

　ここまでの経済と金融の状況を振り返り、最後は今後の先行きも見通すことにしてみましょう。「仕組み」がしっかりわかってきたら、その応用で、先読みもできるのです。世の中の動きを見ながら自分なりの仮説を立てる練習をしてみましょう。

マイナス金利政策の狙い

> **問17** あるATMでキャッシングをして100円を借りると、機械からは110円が出てきます。ただ、返金するのは100円でいいそうです。
>
> ① 世の中にこんな機械があると思いますか？
> ② もしそんな機械があったら、あなたはどういう行動に出ますか？

2016年は初っ端から黒田日銀総裁が金融市場を驚かせてくれました。それが、マイナス金利政策の導入です。

この、マイナス金利政策とはいったい何でしょうか。

量的緩和は日銀が市場で国債を銀行から大量に買い入れる行為でしたね（第5章）。その結果、各銀行には売却代金がたまります。これは、日銀と銀行が取引をする口座＝日銀当座預金に振り込まれることになります。そうして日銀当座預金には国債売却代金が渦高く積まれていく。いわゆるブタ積み状態です。ただ、この当座預金は低利なため、金融機関はここに資金を留め置かず、徐々に貸し出しを増やしていく。そう目論んだのが量的緩和でした。

ところが予想に反して、金融機関は売却代金の95％程度をここに預けっぱなしにしてしまいます。だからいくら量的緩和を進めても、実社会への波及は小さいものでした。

さて、なぜ金融機関はブタ積みをやめなかったのでしょう。その理由の1つに、日銀当座預金には「低利とはいえども利子がついた」ということがあげられます。これには、

法定準備金額を超える部分に、0.1％の利子（付利といいます）がつきました。たった0.1％でも、数十兆円を積んでいるメガバンクからすると、付利は数百億円にもなるのです。これはそのまま金融機関の純利益を底上げします。

　ちなみに、法定準備金額というのは、法律によって対象金融機関が「受け入れている預金等を一定比率（準備率）で日本銀行に預け入れること」を指します。もともとはこの準備率を上下させて金融緩和や引き締めを行っていましたが、銀行が日銀以外からも短期資金を調達できるようになったために現在は金融政策のツールとしては使われていません。

　話を戻すと、銀行は量的緩和で二重においしい思いをしていたのです。まず、すでに発行済みの国債で手元にある

図表32　マイナス金利政策とは？

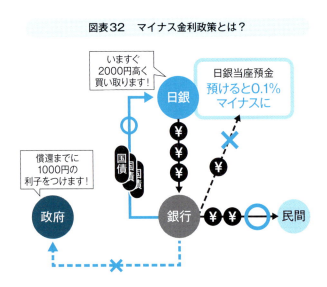

ものを、償還期限前に日銀が高い価格で買い取ってくれる。これは想定外の増益要因となります。その売却金に利子がついてまた数百億円の利益が出ます。

これでは金融機関はブタ積みをやめません。そこで、当座預金がある一定額を超えたら、そこからは、金利をマイナスとし、金融機関は利子をもらうではなく、手数料を日銀に支払わなければならないようにしたのです。

日銀はデフレ脱却を掲げ、2％の物価上昇を金融政策の柱として掲げてきました。当初それは量的緩和開始から2年で達成可能としていましたが2年たった2015年4月時点での物価上昇率は1％にも達していませんでした。すでに書いたとおり、消費税によって消費が中折れしたこと、

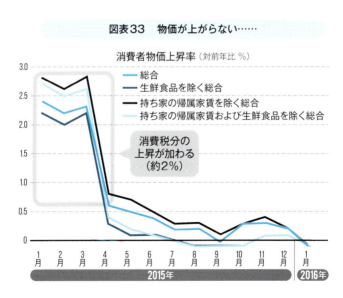

図表33 物価が上がらない……

出所：総務省統計局

円安による国内生産回帰がそれほどでもなかったこと、そして資源価格の下落などの要因が重なったためです。

とりわけ資源価格は2014年後半以降、ほぼ一貫して右肩下がりとなりました。

その結果、15年9月以降は物価4指標のうち、マイナスを示すものもあらわれ、上昇よりも下降色が強まり出したのです。

ここで何もアナウンスをしなければ、「期待」はしぼんでしまうでしょう。そして、いまの企業業績は、円安と資源安頼みだから、その流れが変わればじきに終わる。そう先読みした株式市場は2015年度の業績予測が出そろう5〜6月ごろにピークとなり、その後は徐々に下降を始めます。これもやはり、期待を冷ます大きな要因ではありました。

次第に旗色が悪くなる状況下で、日銀は苦肉の策として、マイナス金利政策を打ち出しました。

この政策をとることで、何が起こるでしょうか。

① 金融機関の貸し出しが増えて設備投資や消費が喚起される
② 円安が起こり再び円安メリットが享受できる
③ 円安により物価上昇が底上げされて株価も回復する
④ 日銀の国債買い入れも容易になって量的緩和が進む

この4つのメリットが想定されていたといいます。ところが、市場は逆の反応を示したのです。まず、マイナス

金利導入により、ブタ積みを抱える金融機関の業績が悪化するだろうということで株価が下がりました。市場はこのショックを早々に吸収するのですが、それよりも大きかったのが、②の円安ではなく、**円高に基調転換してしまうこと**です。

なぜこの時期に円高が起きたのでしょうか。

① 米国の利上げ観測の退潮
② 新興国経済の停滞
③ 資源価格の底割れで、資源国やアメリカ、北欧、ロシアなど天然資源に富んだ国の景況が悪くなる

といった説明がなされました。

どれも間違ってはいないでしょう。ただ、それらはずっと基調として続いていたことなので、日銀のマイナス金利と時を同じくして円高が始まった理由とはなりません。

円高に反転した最大の理由は、「**通貨スワップ**」という取引が関係していたと、しばらくして金融筋から合理的な説明がなされます。ここから先は少々金融の専門領域で難しい話になってしまうのですが、できるだけ直感的にわかりやすく解説をしてみたいと思います。

まず、通貨スワップとは、自国のお金を元手に、他国のお金を借りることだと思ってください。たとえば日本の銀行が余っている円を海外で運用する場合などです。そのお金はいつか日本円に戻すので、「借りる」だけでいいのです。

じつは、銀行は国内でもしょっちゅうお金の貸し借りを

行っています。そのときの利率をLIBOR（銀行間取引金利）といいます。上記の例でいくと、この日本の銀行は、国内で余ったお金を貸せば、LIBORにしたがい、借りた銀行から一定の利息を受け取れたわけですね。これを「利息J」とします。

一方、海外でお金を借りるときは、同様に海外の銀行間取引の利息を支払わねばなりません。たとえば、アメリカのLIBORをAとしておきましょう。当然、この利率Aにしたがって利息Aを払わなければなりません。

この日本の銀行は円を元手に、アメリカでお金（ドル）を借りるので、「利息A」をアメリカの銀行に支払います。相手側はその円を日本国内の銀行に貸せば、「利息J」を手に入れられるので、その分を相殺すると、日本の銀行は、アメリカの銀行に「利息Aと利息Jの差額」を支払えばいいということになります。

本来ならこれで終わりなのですが、あともう少し手数料がかかります。それは、ドルと円の人気の差によるものと考えてください。「ドルで運用したい」という人が多くて、「円で運用したい」という人が少なければ、当然「ドル」借りの方にプレミアムが発生します。この分を上乗せして、日本の銀行は支払わねばなりません。このプレミアムのことを「ベーシス・スプレッド（以下「ベーシス」）」といいます。これで通貨スワップの仕組みは終わりです。

再度整理すると、日本の銀行が、アメリカでドルを借りて運用するときの支払い手数料は、

通貨スワップ手数料＝利息Ａ－利息Ｊ＋ベーシス

　となります。この数式が円高の秘密でした。マイナス金利になれば、「利息Ｊ」はマイナスのマイナスでプラスとなります。つまり、マイナス金利分がそのまま「利息Ａ」に加算されることになるわけですから、アメリカの銀行にとってこれはおいしい取引です。さらにいうと、マイナス金利になって国内で円の運用に困った日本の銀行が海外運用に走るので、ドル人気が高まり「ベーシス」はさらに上がると予想されます。

　ということで、アメリカの銀行にとっては、ドルを貸して円を借りるという取引に大きな旨みが出てきました。この思惑にしたがい、円需要が増えたのです。その結果、円高となった。こういうことなのですね。

　これが円高基調のきっかけです。そこに、アメリカ利上げ予測後退や新興国の景気低迷が続き、円高基調は定着したといえるでしょう。

　結局、マイナス金利政策は完全に裏目に出たわけです。

日銀が「断固とした姿勢」を示すためにやったこと

　ひとつ注意したいのは、「マイナス金利」と「マイナス金利政策」は異なるということです。順を追って説明させてください。

マイナス金利政策の４つ目の目的は「日銀の国債買い入れを容易にする」ことでした。まず、日銀の国債買いの目的は、金融機関のもっている国債を高値で買い取って、その対価として資金を供給することでした。発行時点で9000円だった額面１万円の国債を、日銀が9900円で買い取るとします。償還期限までもっていれば１万円になるのだから、それよりも100円安い。ただし償還期限は２年も先なので、今日9900円で日銀に売って、そのお金を国債や企業融資などでまた増やせば２年で100円以上稼げるでしょう。こんな思惑で、銀行は日銀に国債を、額面以下でも当初は売却していました。

　ところがそうやって国債をどんどん売却して手元に資金がたまると、それを再運用に回す先がなくなっていきます。そうすると、銀行はなかなか国債を日銀に売らなくなりま

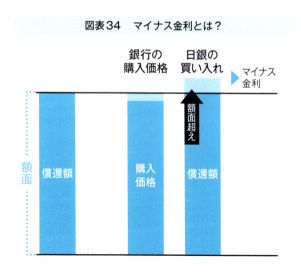

図表34　マイナス金利とは？

す。

　こうしたことから、2014年になると金融市場では、日銀の公開買い付け額に対して売り手がそろわないという「札割れ」状態が発生し始めます。こんな状態で日銀が躊躇していると、「ああ、もう日銀は手詰まりで、量的緩和は想定した規模まで進まない」と市場関係者は判断してしまいます。そうすると、「期待」はしぼんでしまう。だから、日銀は「断固とした姿勢」を示す必要がありました。

　そこでとったのが、「額面を超えた額で買い取る」という行為です。先ほどの例でいえば、額面1万円の国債を1万1円で買い取るということですね。買い取った国債を日銀が満期まで保有しても、国が償還してくれるのは1万円にしかなりません。つまり日銀が損をする。そう、これがマイナス金利なのです。

　すでに発行した国債を買い取る市場（既発国債市場）では、2014年後半からマイナス金利が定着し始めます。そして、2015年には、なんと、新規発行国債（新発国債）でもマイナス金利となるのです。これはおかしなことです。政府は額面1万円の国債を売り出しますが、金融機関はこれに入札で、1万2円といった値段をつけます。政府は1万円しか返す必要がありませんから、借金をすればするだけ儲かることになります。

　普通は、国が借金を重ねると、利子は上がります（第1章の「悪い高金利」を参照）。それで国は借金を控えるわけですが、マイナス金利では逆に借金すると儲かるのだから、奨励することになってしまいます。その結果がどんな

ことになっていくか。それはこの章の最後に触れます。

　なぜ金融機関は新発国債を額面超えで購入したのか。答えは簡単です。もっと高い値段ですぐに日銀が買い取ってくれると思ったからです。実際この例でいえば、1万2円で買った国債を日銀は1万3円くらいで買い戻していたのです。

　量的緩和を続けるうえでは、今後、もっとマイナス金利幅を大きくしていかなければなりません。それを市場にアナウンスすることにより、日銀の方針が浸透し、「期待」を膨らませることになる。だから、ここでも断固とした姿勢を示す必要がありました。その一環としても、「マイナス金利政策（当座預金へのマイナス金利）」があったのです。

　先ほど書いた「0.1％のマイナス付利」とは、日銀当座預金に金融機関が1万円預金すると、年間10円手数料を取られるということです。こうした場合、銀行はどういう判断をするでしょうか？

　日銀当座預金に1万円入れておけば10円取られる。ならば国債を買うか。国債も額面越で損をするかもするかもしれないが、まあ、日銀が高く買い取ってくれるから大丈夫だろう。だから銀行は安心して額面超えで国債を買う。この状態は、「日銀が、高い金額で買い取る」姿勢が市場に浸透していたから成り立ちました。それだけ、しっかりと金融緩和方針は示され、市場には当分の間、緩和状態が続くという予想が蔓延（時間軸効果といいます）していたともいえるのです。

　結果、マイナス金利幅は大きくなり、それが日米金利差

を大きくして、円はさらに安くなっていく……。

　ここまで考えていたのに、結果は真逆の円高となりました。経済運営、金融政策とはじつに難しいものです。

　その後、2016年は政治ニュースと経済ニュースが交錯し、次第にリスクオフ（＝危険な賭けをしない）の風潮が定着していきます。まずは春先にかけて、FRBがアメリカの利上げを見送るアナウンスを始める。年内に2回程度の利上げを織り込んでいた市場は、失望でドル売りを行い、円高基調は完全に定着します。

　さらに6月には英国のユーロ離脱を問う国民投票。そして11月のアメリカ大統領選。どちらも、その後に経済波乱が起きるのではないかという観測で、疑心暗鬼のなか次第に株価は冷え込んでいきました。

　同時に、企業業績を支えた「盆と正月」状態がいよいよ崩れていきます。まずは2016年1月には前年比で見ても円高となり、さらに資源価格がこの時点で底打ちします。企業業績を支えた「盆と正月」状態ではなくなってしまいました。

　第7章で参考にしたトヨタ自動車の業績を見ると、2016年上半期は、販売台数で前年比1.8％増を記録。がしかし、為替差損が5650億円発生し、営業利益は24.8％の大幅減益を示しました。

　資源価格はまだ底打ちしたばかりなので、前年比で見れば16年上半期はかろうじて資源安効果が残っているのに、円高のマイナスだけでこの状況なのです。下半期になれば、資源価格まで前年比でプラスとなり、完全に日本経

済の息の根が止まるというのがメインシナリオとなっていきました。

こうした想定にしたがい、日経平均株価は、アベノミクスのピーク時より2割以上安い1万6000円台へと下落します。

こんなどんよりとした空気が国民全体に広まる直前の、16年7月、伊勢志摩でのG7サミットの余韻も冷めやらぬなかで、参院選が行われました。ここで安倍政権はまずまずの結果を勝ち取り、改憲勢力で衆参両院とも3分の2の議席を確保しました。ギリギリの時期に運よく参院選が重なった結果といえるでしょう。

イールド・カーブ・コントロールとは？

結局、2016年1月に打ち出されたマイナス金利政策という「黒田バズーカ」は空砲に終わりました。そして半年を経て、景況に停滞感が漂う8月の日銀金融政策決定会合では、新たに市場を困惑させる策が講じられます。

この会合は、金融筋から大変注目されていました。日銀が「マイナス金利を含めた政策の総括をする」と発表していたからです。ひょっとすると、量的緩和の打ち止めがあるのではないか、と市場をやきもきさせたものです。

ただ、そこで量的緩和は終わりとはならず、日銀は、その真意が読み取りにくい政策を発表します。内容はこんなところです。

まず、マイナス金利政策により、市中金利は大幅に下がっ

た。それ自体は、企業の資金需要を増やすので悪いことではない。ただ、長期金利・短期金利ともに下がってしまい、**イールドカーブのフラット化が起きている。だから、これをスティープ化**しなければいけない。

イールドカーブ？ スティープ化？ と思った方、安心してください。ちゃんと説明します。

通常、お金を借りるとき、長期金利のほうが短期金利よりも利息が高いのが常識です。もしそれが逆転してしまえば、借り手は「長く借りたほうが安くなるから、返済は遅らせよう」と考えるでしょう。これでは貸し手は長期融資をしなくなります。

だから市場原理的には、短期金利＜中期金利＜長期金利というカーブになっています。こうした右上がりの曲線を「イールドカーブ」と呼びます。マイナス金利導入後は、どの金利も総じて下がってしまい、傾きが緩くなりました。つまり、フラット化したわけです。これを再び急な形に戻すことをスティープ化といいます。

この政策は、「イールド・カーブ・コントロール」の頭文字をとって、「YCC」と呼ばれています。どうやったらそんなことができるのか。これも、第1章の国債と金利の仕組みを理解していれば、わかる話です。

国債の買いオペ時に、短期国債を大量に買い、中期国債、長期国債という順で購入量を減らす。そうすれば、短期国債が値上がり（＝金利が下落）し、中期→長期国債は徐々に金利が上がるわけですね。ちなみに、いちばん利率が高くなる長期国債でも「10年物で金利は0％程度を目指す」と黒田さんは述べています。ということは、中期・短期国

債はマイナス金利を維持するということにほかなりません。

　この政策は、リフレ派とアンチリフレ派でまったく異なった解釈をされています。
　リフレ派からは、「短期国債を中心にマイナス金利を維持することで、より国債買い入れを容易にするという、量的緩和の支援策だ」という評価。
　一方、アンチリフレ派は、「要は金利コントロール。長期物は０％にすると今回はっきりと利率を謳った。しかもこのカーブを守るために長期国債の無理な買い入れはやめるともいっている」と指摘。こちらは量から金利に軸足を移す敗北宣言という解釈です。
　リフレ派が「この政策発表時にも２％の物価上昇目標は堅持しているので量的緩和は諦めていない」といえば、アンチリフレ派は「物価上昇目標の達成予想時期があいまいになったから撤退準備だ」と譲りません。
　こうした専門家の論争よりも、さらに金融市場を悩ませるオマケもついていました。株と不動産のETF（投資信託と考えてください）の買い入れ額を大幅にアップするというのです。これも量的緩和の一環ではあるのですが、株はなんと年間で６兆円も日銀が購入することになりました。これはどのくらいの規模かというと、一部上場企業の時価総額は約500兆円程度なので、その1.2％を日銀が１年で買うことになります。日銀は、白川前総裁のときから株式ETFの購入を始めており、2015年の黒田バズーカでその枠を年間3.3兆円にまで広げていたので、すでに10兆円以上の上場株を保有していました。これに年間

6兆円が加わると、**17年末までに一部上場企業の55銘柄、18年末には82銘柄で、日銀が筆頭株主になる**といわれています。※4

※4 米情報通信サービス／ブルームバーグ試算（2016年8月16日付）

　1日の株式購入額も、発動日ベースでは700億円を超えます。これは、株式売買総額の4％にもなり、株価の下支え要因とよろこぶ声よりも、「正常な株価形成の支障となる」と懸念する声が高まっています。実際に8月以降、株価は好材料もないのに1万6000円から上がり始め、予想外だったトランプ政権誕生に際しても、EU離脱派がまさかの勝利を収めたイギリスの国民投票後のような混乱はなく、1万6251円で踏みとどまりました。

　よく「株価は景気の体温計」と評されてきましたが、現在は、大量の強心剤が回っている状態とでもいえるでしょう。

　強心剤で見た目の元気は維持しているけれど、「盆と正月が一緒に来た」という円安・資源安効果が秋口にも完全に剝落するという崖っぷちに立った日本経済は、不思議なことに2016年11月9日に反転します。

　きっかけは、いうまでもなくトランプ政権の誕生でした。貿易摩擦の再燃や、安全保障面の負担増など、日本側からは最悪の選択としかいわれていなかったトランプ氏のアメリカ大統領選での勝利がなぜ景気の反転につながったのでしょうか。

　これも国債と金利の関係で、かなりの部分が説明できます。まず、トランプ氏は、財政投資による景気底上げを謳っ

ています。国費で道路や橋や鉄道、メキシコとの国境の壁などを建設するとし、そのために、10年で10兆ドルの支出を公約に明記しています。しかも同時に、減税を行うことも公約に掲げました。

　<u>支出を増やすのに税金は減らす。この２つの帳尻を合わせるためには、「国債の大量発行」しか手はないでしょう。</u>

　とすると、アメリカの金利はどうなるでしょうか。もう何度も復習したことなので、おわかりですね。国債の発行額が増えれば、買い手がだんだんつかなくなり、値下がりを起こします。それはすなわち金利が高騰するということにほかなりません。

　金利が高騰すれば、米国ドルでの資金運用が有利になるので、金融機関は他国通貨を売ってドル買いを進めます。よってドル高になり、そのあおりで円安になる。市場がそ

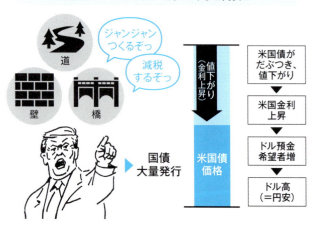

図表35　トランポノミクスでなぜ円安？

う読んだので一気に円安が進行し、トランプ氏当選前には1ドル101円だったものが1月の大統領就任のころには115円前後で定着しました。

日本企業は想定外の大幅円安で一息つき、さらに所得収支効果や資産効果などが現れるだろうと、株価は2万円を目指します。

一方で、トランプ政権が公約を遵守できるのであれば、各種公共工事に使用される原材料（＝資源）の需要は高まり、資源価格は一段の上昇を示すでしょう。現在のアメリカは、失業率も過去20年で最低なほどにまで低くなっています。この状態で、公共事業を中心に労働需要が高まると、深刻な人手不足も生じるはずです。結果、人件費の高騰も容易に予想される。こうしたことが重なって、トラン

図表36　トランポノミクスは高インフレを招く？

ポノミクスは高インフレをきたす可能性が高いといえます。

　ただ、この政策は従来の共和党政権の指針には反するものです。共和党は市場原理に経済をゆだね、国が財政支出などで介入しない「小さな政府」を標榜しているからです。
　仮に、トランプ大統領の剛腕で政策がひとつずつ結実できたとすると、その先には確実にインフレが待っています。日本からすると、円安に資源高が重なるため、二重の物価高が起きるはずです。当然それは、物価上昇率2％の目標達成につながるでしょう。物価上昇基調が定着すれば、日銀は量的緩和を終了します。そのとき、経済はどうなるでしょうか。

インフレで借金を帳消しにするという「劇薬」

　それを読み解くヒントになるのが、2016年秋口以降に話題となった「シムズ論文」です。これは、クリストファー・シムズ米プリンストン大学教授が8月にジャクソンホール会議で発表したものです。アベノミクスの理論的支柱である浜田宏一氏が、「これを読んで目から鱗が落ちた」と日経新聞のインタビューにて答えたことから広く知られるようになりました。ただ、この論文についてもまた、リフレ派はリフレ理論の補強と語り、アンチリフレ派はリフレ理論の敗北と指摘します。不思議なことに、両者ともこの

理論の中核部分については高く評価しているようです。
　エッセンスだけ抜き出すと以下のようにまとめることができます。

■　金融緩和が進んだら、財政支出の拡大も同時に行う
■　財政支出の拡大時に、国債増発で金利が高まる懸念があるが、それは金融緩和の「国債買い取り」でしのいで、うまく防ぐ
■　金利が高騰せずに財政支出が進めば、うまく需要は喚起できる

　さて、ここから先が少々驚きの論理展開となります。

■　財政支出は赤字国債でしのげば、将来、その赤字返済のために、増税が避けられなくなる。それを国民は予想しているから、財布の紐をほどかない（前述のリカードの中立命題）
■　だとすれば、国は「借金は返さない、増税もしない」と開き直ってしまえばよい。そうすれば、将来の増税がない、というので、消費も冷えない。ただし、その結果、消費が止まらないから、当然インフレが起きる
■　こうしてインフレが続くことで、物価も経済規模も膨れあがれば、国の負債は相対的に小さくなる（何より、名目賃金も増えるので、税収も増える）

つまり、インフレにより借金を帳消しにしてしまえ！ というのが、シムズ論文の中核ともいえるでしょう。この論文は、財政支出によって物価水準を意図的に変えるということで、物価水準の財政理論（FTPL）と呼ばれています。
　第5章に出てきた「リカードの中立命題」で紹介したように、経済合理的に考える人は、借金して懐が温かくなっても、それはいつか返さねばなりませんから、浪費は慎むものです。ところが、そのタガを外してしまえばお金は自由に使えます。一国の規模でそれをやらかしてしまえば、インフレが起きて借金は帳消しとなる。
　と、ここまでは大まかかに理解できました。

　それでも不思議に思えるところがあります。
　こうやって人為的に起こしたインフレはどうやったら止められるのでしょうか。普通のインフレは、金融引き締めで退治できます。日銀が国債を市場に売りオペで放出し、国債価格低下→金利高騰という道筋です。金利が高騰すれば、借金してもモノを買おうという人が減り、モノを買わないで貯金をしようという人が増えるからですね。ただ、FTPLは、買いオペによって金利を下げるから成り立つという前提でした。とすると、FTPL下では売りオペに転じることができず、インフレは止まらなくなる……普通に考えるとそうなります。
　このあたりは第5部で飯田先生に聞いてみましょう。

　2017年になると、安倍政権とトランプ政権がともにシムズ論文に興味を示しているという報道を見かけるように

なりました。

　こうした状況をふまえて金融市場を眺めると、FTPL に沿った差配が既になされているようにも見えるのです。それも、日銀、金融機関、政府がそれぞれの別の思惑でとった行動なのに、結果、三者一体となって FTPL 下の高インフレをしのげるよう、強力なシフトを行っているのではないか？　その思惑とは、以下のようなものです。

① 　日銀は量的緩和を続けるために、国債購入額をなんとか維持したい（金融機関に国債を市場放出させたい）
② 　金融機関は、当座預金積み上げがマイナス金利となるため、なんとかこのお金の新規投資先を見つけたい
③ 　政府は、これだけ金利が安い（うまくいけばマイナス金利！）うちに、大量に借金をしておきたい

　三者の思惑は、「政府の国債前倒し発行」ですべてかないます。

■ 　政府としては来年度までの借金を「金利が安い時期に」しておける。
■ 　金融機関は「当座預金の余ったお金を来年分の国債で運用」できる。
■ 　日銀は「来年分の国債まで市場に流れれば、買い入れ額が増額」できる。

　国債の前倒し発行額は年々大きくなり、2015 年度には補正予算分も含めて 48 兆円、16 年度は当初予算だけで

48兆円にもなっています。この後も増額していくと、近い将来「1年分まるまる」前倒し状態となるでしょう。

　もし、そんな状態で、ハイパーインフレが起きたら？

　政府はその間、新たな国債発行をしなくともしのげます。ほかにも政府には税外収入が蓄積されています。そのもっとも大きなものが、国債発行手数料の低減（低金利のため想定利子の支払いが不要だった）が大きく、年間5兆円を超える額となっています。また、特別会計の積立金や剰余金、独立行政法人の基金などいわゆる「霞が関埋蔵金」も、ここ何年間は積み増ししている状況です。

　こうしたすべてを含めれば、国債発行を止めても、1〜2年は行政サービスの持続が可能といえないでしょうか。

　その間に、ハイパーインフレが過ぎ去ってしまえば、政府は痛手を被らなくてもすみます。

　確かに金融機関は痛手を被るでしょうが、それでも、ひと昔前は大量に抱え込んでいた国債の多くを、いまは日銀が買い取ってくれているので、被害は少ないはず……。

　安倍政権は任期再々延長したとしても2021年9月までとなります。トランプ政権の第一期は2021年1月まで。そのころになると日銀は国債の7割近くと、一部上場株式の約1割以上を保有するという、とんでもない状況になっています。

　それまでには結論を出さざるをえなくなっているのではないでしょうか。

　このあたりは次の部でプロに聞いてみたいと思います。ここまでの流れを象徴的に6枚の「紙芝居」にしてみま

した。第5部で飯田泰之先生により専門的はお話をうかがう前に、ここまでの復習と若干の予習をかねて目を通してみてください。

① 異次元緩和の開始

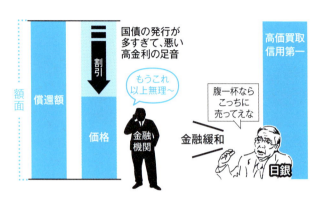

② 超低金利

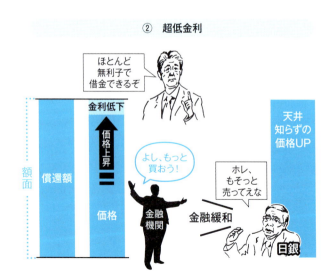

③ ゼロ金利

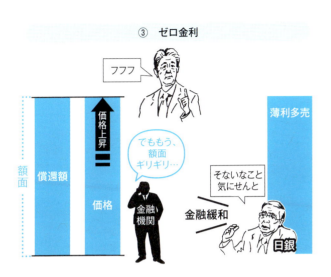

④ マイナス金利とモラルハザード

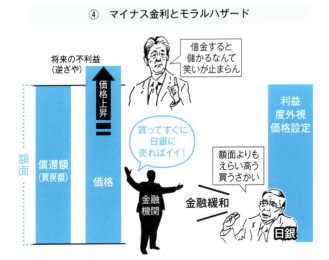

第8章 トランポノミクスがわかるとその先の崖が見えてくる

⑤ 借金の前倒し

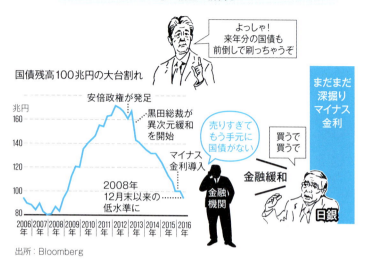

⑥ 気づけば恐慌前夜？！

第 **5** 部

上級者
編

それでも
わからないことは
プロに聞く

さあ、最後の授業となりなす。ここまで金利、為替、GDP、インフレなど、経済活動の基本について学び、アベノミクスやトランポノミクスを題材に、経済政策のポイントを俯瞰してきました。経済は「生き物」なので、時々刻々と姿を変えます。ある経済政策が効いたかどうかは、何年かたってみないとわからない部分もあり、そこが難しいところです。

　いま日本の経済で最大の課題はデフレからの脱却です。理屈でいけば、本書に書いたとおり、**量的緩和で通貨安になればインフレ率は上がるはずなのですが、そうはなっていません**。このあたりの「理想と現実」の乖離はどこからくるのか。ここからは経済学者の飯田泰之先生にご登場いただき、現実の経済を理解するための補助線を引いていただきましょう。第5部は、経済や金融のプロでなければ難しく感じる部分も多いはずです。ただ、この本で学んだ、金利の仕組み、為替の功罪、日銀の役割、などをフル活用すれば、大体のことは理解できるはずです。

　飯田先生のお話は、「この本を卒業したあと」のヒントにもなると思っています。経済や金融は理論やメカニズムを知っているだけでは何の役にも立ちません。日々生じている政治や経済などの時事的要素とどう結び付けて解釈するか。その名人芸として飯田さんの話を参考にしてほしいところです。

　そして、読み終えたあとがいよいよ本番。キャンプを終えた野球選手が、オープン戦に打って出る、といえばよいでしょうか。日々の経済情報に対して、この本で学んだ金融と経済の知識をもって、真っ向勝負を挑んでください。

Q なぜ、日本はデフレに陥ったのですか？

デフレの直接のきっかけはバブル崩壊が起きたときに相当ゆっくりとした金融緩和しか行わなかったことにあります。大きく先回りして金利を下げれば、資金需要も高まり、生産や消費も回復する。だからドカンと3％下げるなど思い切ったことをしなくてはいけなかったのに、0.5％ずつ刻んだりしていました。1991年当時の政策金利は8％台と非常に高水準にあったので「ドカン」ができたのに、なぜそうしなかったというと、日本銀行や大蔵省（現財務省）にも、大きく金利を下げすぎると流動性が高まり、またバブル再燃を招くのではないかというバブル恐怖症があったのでしょう。

まさに太平洋戦争におけるガダルカナル戦のときと同じです。当初1万人（後に6万人）の米軍に対して千人単位で斬り込み隊を逐次投入した結果、3万人以上の戦死者を出して大敗北を喫しました。黒田日銀総裁が2013年4月に異次元緩和を始めたときに語った「戦力の逐次投入（小出し）はしない」という一言は、この轍を踏まないという決意の表れでしょう。

第二次大戦後、先進国でデフレに陥るほど深刻な景気の停滞に見舞われたのは、日本のバブル崩壊が初めてでした。当時の日本には、範とすべき先例がなかったことも不運といえます。アメリカは、1990年代から「日本の失敗」の研究を進め、いざというときに備えていました。リーマンショック後は一気に金利を下げて資金需要を喚起し、その

後打ち止め宣言を行って、その先はテーパリング（元に戻すこと）を進められる状態にまで回復しています。まさに日本を反面教師とした最善のスキームで、デフレの危機を乗り越えました。

インフレ率はどのくらいであればいいのですか？

　物価上昇率がマイナスになったとたんに、どんなに小さいマイナスでもかなり破壊的な影響を経済に及ぼします。理論的にはプラスだったら何でもいいという人もいますが、それだとちょっと景気が悪くなると底抜けしてマイナスになってしまいます。ひとたびマイナスになると、プラスに戻すのが非常に難しいので、やはり2％ぐらいのバッファーを見ておくべきでしょう。

　デフレのいちばんの問題は、負債のインデクセーション（付け替え）ができないことですね。国単位で見たとき、生産主体である企業側はもちろん、少なからぬ家計も負債を抱えています。成長途上の企業や住宅ローンを抱えがちな働き盛り世代はなおさらです。デフレで資産価値が下がっても、負債のほうは「値引き」してもらうわけにはいきません。そこから企業・家計のバランスシートが悪化することで、投資や消費が停滞します。

　また、デフレはモノの値段が下がることですが、それは同時に通貨の価値が上がるということです。日本でデフレが起きれば円の価値が上がり、円高になります。企業の場

合、海外に展開していても負債も円建て、労働者の賃金も円建てのことが多い。一方、輸出や小会社の利益はドル建てなので、こちらは円高でも増えません。円高は、すなわち負債と人件費の実質増となるのです。負債と人件費が変わらなくても円換算した海外収益が減少すれば、業績は悪化します。これがダブルで効いてくるのでデフレは破壊的な影響を及ぼすのです。

Q 財政投入のために赤字国債を発行し過ぎたからデフレになったのですか？

　バブル崩壊後、宮澤喜一政権（1991年11月〜93年8月）以来、公共事業を中心に大規模な財政投入を続けました。このとき赤字国債を増発したことが財政を悪化させ、その結果としての将来不安から消費・投資が減少したという見方もありますが、これはあまり妥当な議論ではないと思います。当時の日本は貯蓄性向が高く、貯まったお金を回すためには、政府が民間から借金をして景気刺激に使うしかなかったのです。それをやらなかったら急激な勢いで経済が縮小し、民間貯蓄がとり崩されるという事態になっていたでしょう。つまり、政府が公共事業で景気対策をやらないともっと急激なデフレになったと考えられます。

　このような事態をつくったもともとの原因は、1985年のプラザ合意です。プラザ合意で日本は、本来市場で決まる為替レートを人為的に無理やり変えるというアメリカの

要求をのみました。一国の財政金融政策がその国の実体経済を無視して決められるとろくなことにはなりません。日本はこのとき、内需拡大をも強いられました。当時の政策の枠内でできることといえば、財政による公共事業と低金利での景気刺激です。円高が進むなかでこの政策は将来の破たんの芽をはらんでいました。協調介入で円高が進行すれば、各国から円買いが起きて日本にお金が集まります。こうした場合、高金利で市場のお金を吸い上げて調整をしなければならなのですが、逆に金利を低く抑えるオペレーションを強いられてしまった。川の流れが速いからダムの放水をやめる、という場面で思いっきり放水したようなものです。これがバブルとバブル崩壊、その後のデフレにつながりました。

Q なぜ日銀は政策を小出しにしたのですか？

日本の場合、経済政策とはすなわち財政政策だという時代が長く続き、金融政策はおざなりにされていました。そもそも、1970年代半ばまで固定相場制で、国内の金利も自由化されていませんでした。ですから、金融政策の効力も限定的で、まずは財政でという流れができてしまったのでしょう。そんな歴史があるなかで、1991年にバブルが崩壊します。前述したとおり、先進国初のデフレ局面であり、当時の日本には参考にすべき事例がありません。不幸が重なってしまったのです。

そんななかで日銀は、ゼロ金利、量的緩和、時間軸効果（量的緩和を一定の条件が達成されるまで続けることをあらかじめアナウンスする）といった先進的な試みをやるにはやりました。ですがそれは、「やっていますよ」というアリバイ的なものと受け止められてしまいました。効果が出る前にやめてしまったり、不用意なアナウンスを発したりしたために、本気度が感じられなかったのです。たとえば、デフレ脱却まで量的緩和は続けるといっていたにもかかわらず、2006年に物価がほんの少しプラス転換（実際はプラスにさえなっていなかったことが後の基準改定でわかりました）するとそれをやめてしまったり……。

　金融政策担当者は市場のコンセンサスを主導していかなければならない立場なのに、そのリーダーたる日銀が、自らの政策を「理論的には効かないという意見もあります」と評したり、もしくは、施策を一つに絞らず総花的に並べたりしていました。それで「いま何をめざしているか」がわからなくなってしまったのです。

　小泉政権時代に日銀が行った金融緩和は、実際かなり効果が出ていました。為替は1ドル120円を超え、日経平均も2万円に迫り、物価もプラスに転換します。この時期に「2％のインフレになるまで量的緩和はやめません」と旗幟を鮮明に示せば、いまの黒田体制以上に流れはできたはずです。それなのに、何を恐れたのか、早めに出口（金融緩和の終了）が必要であるとアナウンスしてしまいました。

　日銀の姿勢が不徹底なものになってしまうのは、構造的な問題でもあります。実は日銀法はあまりに抽象的で、や

らなくてはならないこともやってはいけないことも、ほとんど示されていないのです。それだけに、いざ動こうというとき、どこまでやればいいか、悩んでしまうのでしょう。その結果、規範を前例や慣習に求めるようになる。こうして、前例に反するような大胆な行動ができなかったのだとわたしは考えています。

　黒田体制以前の日銀内でも、インフレ・ターゲットは景気浮揚に有効であるという論文が発表されていました。しかし、そのような大胆な政策転換を日銀がやってもよいのかどうかはどこにも書いていないので、踏み出せなかったのです。本当は日銀法を改正して、たとえば物価や雇用については日銀が達成すべき目標を示すなどの役割の明確化を行えば、日銀はもっと動きやすくなっていたはずです。

Q インフレ期待はどうやって生まれるのですか？

　日銀は金融機関がもっている国債を、大量に市場から購入しました。そうすると、その代金が、各金融機関が日銀にもっている日銀当座預金の口座に振り込まれます。このお金をマネタリーベースと呼びます。マネタリーベースが膨らむと、なぜ期待インフレ率（将来のインフレ予想）が高まるのでしょうか。

　インフレは行きすぎると経済にマイナスを及ぼします。ですから、インフレが高進すれば、それを止めるための政策が発動されることになります。市場関係者であればそう

した調整を予測するので、「このインフレも長続きはしない」と考えます。しかし、引き締め策をとらないと明言したらどうでしょうか。そのままインフレが放置されるので、「今後もインフレ率はどんどん上がる」という市場認識ができ上がります。これが「期待インフレ率が上がる」という状態です。

　このメカニズムを示したのが、1998年のクルーグマン*による"It's baaack!"論文です。ある程度高いインフレになっても金融は引き締めないとアナウンスする。ただ、公言しただけでは信用はされないので、そこでマネタリーベースの話が出てくるわけです。マネタリーベースが膨らみ、日銀当座預金には、各銀行の預金が「ブタ積み」される。その状態だと銀行は手元に使えるお金が大量にあるため、資金不足を市場で借りる必要がなくなります。すると銀行同士が資金を貸し借りするコールレート市場の金利を上げたくてもすぐには上げられない。するとゼロ金利状態が日銀当座預金の超過準備がなくなるまでの間、続かざるを得ないとわかるわけです。当分維持されるという暗黙の了解が生まれます。これで、インフレが高進しても、金利がすぐ上がることはないとみんなが信じる——低金利が続くことを信じさせるための証拠金のようなものです。ブタ積みはブタ積みであることに意義があるのです。

　しかも、このブタ積みされた当座預金にはほとんど利子がつきません。そうすると、少しでも利回りがよいものに投資を振り分けようとします。それを通じて企業への貸し出しが増える。こうして経済が回り始めるという面もあります。いわゆる「ポートフォリオ・リバランス」です。た

だ実際は、量的緩和から4年がたったいまでも日銀当座預金には国債売却額の95％程度がブタ積みされたままになっています。その理由の一端は、リスクのある貸し出しをしたがらない銀行の経営にもあるでしょう。支店ごと、場合によってはプロジェクトごとの成績で昇進が決まり、基本的に失敗は許されないので、いちばん簡単かつ確実な住宅ローンばかりが増えてしまうのです。

＊ポール・クルーグマン (Paul Robin Krugman, 1953～) アメリカの経済学者。コラムニスト。2008年、ノーベル経済学賞受賞。専門は国際貿易論。

Q 量的緩和の波及が遅いのはなぜですか？

その根源には、やはりインフレ率の上昇がきわめて遅いことがあります。2013年に1％台後半まではいっていますが、その後は消費税アップによる消費の冷え込みから物価上昇も鈍りました。くわえて、いい意味の「想定外」もあったのです。それは、雇用者数です。

日本の雇用者数は、リーマンショック後の大幅な落ち込み時期を除くと、5500万人程度でした。この状況で65歳に到達する高齢者人口は増え20代の人口は減り続けています。したがってこれからは労働市場から退出する人が参入する人より多くなり、労働力不足になるため人材獲得競争で給与が上がり、雇用者の実入りが増えれば消費に火が付いてインフレ率が高まる、という予想がありました。しかしそれがいい意味で裏切られたのです。

直近で、雇用者総数は5800万人に手が届くほどに増えています。働き盛りの人口そのものは減少して人手不足になるはずが、働いている人の数は大きく増加しています。この大きな理由が高齢者雇用の増加と、女性の継続就労があります。そういう日本の底力を少なく見積もりすぎていたのです。日本経済の実力は想定していたより上のところにあったわけです。

　本格的な人手不足が始まったのは、本当にここ最近のことです。この先は賃金アップ、消費上向き、物価上昇のサイクルが始まるという期待がもてそうです。

　量的緩和の波及効果がなかなか出ないのは、金利が低くても銀行からお金を借りたいという人が少ないから、という意見もありますが、企業側のアンケートから見るかぎり、資金需要は決して弱くはありません。ただ、大企業はそれを社債や株で賄ってしまうので、銀行の貸し出しは増えないのです。一方、中小企業は資金需要はあれど、実際に借りるのは消費の伸びが明確になったら、と待機しています。対して、消費者のほうも、欲しいものはあれど、実入りがよくならないとお金は使えないということで、こちらも景気待ちをしている。ここに膠着状態が生まれます。

　わたしは、こうした「すくみ」状態は、やはり人手不足が深刻化することで突破口が開けると思っています。人材獲得競争で人件費アップが起これば消費につながりますし、人手不足を機械で補おうとすれば、それに関連した省力化投資が必要になる。いずれにしても、労働市場がもっとタイトになることで、お金の回りもよくなるのではないかと考えています。

Q アベノミクスの通信簿を つけるとしたらどうなりますか？

　経済政策というものを俯瞰的に見るために、この本の著者である海老原さんの提案で、「アベノミクスの通信簿」をつけてみました。効果があったものから順に、◎○△▲×と５段階評価をつけています。

論点	為替	インバウンド	資産	所得収支	設備投資	雇用	資金需要	生産
指標	円安	観光客	株・不動産	企業決算	国内回帰	失業率	貸出	Jカーブ
飯田	◎	○	○	◎	△	○	▲	×
海老原	◎	○	◎	◎	△	△	▲	×

　あくまでもざっくりとした所感です。このなかで海老原さんとわたしがともに×をつけた唯一の項目がＪカーブです。アベノミクスによる利下げによって通貨安にはなりましたがそれによって輸出が伸び、時とともに日本の貿易収支が改善していくという動き、つまりＪカーブ効果は起きませんでした。ただ、現時点の日本は輸出で稼いでいるわけではないので、Ｊカーブが起きたところで経済全体への効果は少ないでしょう。いま日本の国際収支にとって重要なのは、子会社の利益です。海外現地法人からの利益還流を示す「所得収支」についてはわたしも海老原さんも◎をつけています。
　Ｊカーブは、製造の国内回帰がどのくらい発生するかがポイントですが、わたしは流出が止まる程度で、あまり回

帰しなくてもいいとさえ思うことがあります。ほとんどの製品に関して生産工程が生み出している付加価値はどんどん小さくなっているのです。つまりは多くの製造工程は、どこでつくっても大して変わらなくなってきているのです。それよりも、付加価値の高い、研究部門、企画部門こそ、国内にもつべきでしょう。製造工程にしてもより個人の技量が求められる職人としての仕事が中心になっていく必要がある。これだけ少子化で若者が希少になっている社会で、彼らの労働を付加価値が少ない製造業に向けるという判断をする経営者は、正直いって無能だと思います。

　わたしと海老原さんで評価の異なる項目は「雇用」です。海老原さんはアベノミクスの雇用へのインパクトが少々過大評価されているといいます。たとえば、求人倍率が急伸している半面、求人数は３割弱しか増えていないことを指摘しています。人口減の結果、求職者数という分母が減って求人倍率が増えていることで、労働市場が実力以上に改善したように見えている、と。

　わたしは、先ほどお話ししたように、人が足りないという状態がむしろ深刻になってほしいと思っています。現状だと、産業間でばらつきがあり、事務系や製造業にはそこそこ応募者も集まっています。これらセクターでは人材不足感がなく、待遇も改善しません。求人倍率が急伸しているのは、将来展望が描けないような業種です。そうした業界は業績も厳しいため、待遇アップも起きません。よって人材不足が待遇アップにつながり、そこから消費が刺激され、物価上昇につながるというシナリオが描けない状況になっています。

現在、人手不足が深刻化しているいわゆる不人気産業でも、業界内で淘汰が起きれば、勝ち組企業を中心に労働条件が改善されるでしょう。また、そんな業界内でも人材育成投資が盛んになれば、しっかりしたキャリアラダー（職階）も形成され、勤続により昇給できる仕組みにもなります。そうすれば、応募者も増えるし、定着もよくなるでしょう。こうした産業に人が集まるようになると、いまは人が集まっているセクターにも人手不足が波及し、いよいよ人件費アップや、省力化投資の気運が高まると考えられます。

Q 金融政策で雇用も改善するといいます。それはなぜですか？

　金融政策により景気回復が起これば当然雇用も拡大し、失業率は下がります。しごく当たり前のことですね。

　これに対して、インフレ率や期待インフレ率が上がること自体が雇用を改善するという考え方もあります。ただ、こちらについては誤解があるとわたしは考えています。少し専門的な話になりますが、頭の体操と思って読んでみてください。

　マクロ経済学では実質賃金率は名目賃金 W を物価 P で割った W／P と表されるのですが、物価 P が高くなると W／P の値は下がりますね。つまり実質賃金が下がる。そうすると企業家がより安く人を雇うことができるので雇用を拡大するわけです。このことを最初に指摘したのがケインズ*です。

同じように、フリードマン*も、Pが上がって実質賃金が下がったということには企業家しか気がつかないので、「賃金が安いいまのうちに」といって雇用を拡大すると考えました。

　実質賃金の低下が雇用を拡大するというケインズの説については、ダンロップ*とターシス*という経済学者が、実質賃金が下がったから企業家が採用を増やすようなことは現実には起きていないと指摘して反論しています。雇用が拡大して失業率が下がっているときには、実質賃金は上がっている、つまり真逆のことが起きていると主張したのです。

　賃金と失業率との関係については、フィリップス*の論文も有名です。彼は「名目賃金が上がると、失業率が下がる」ということを指摘しました。名目賃金とインフレ率というのはほぼ比例しているので、インフレ率が上がると失業率が下がるように見えます。

　わたし自身は、この物価と雇用の関係は、擬似相関ではないかと考えています。インフレになってPが上がると、為替や資産価格の影響などから企業のバランスシートが改善し、需要が増加する。これによって経済全体が上向くので失業率が下がる。その始点と終点だけを見ると、確かに物価が上がると雇用が改善するように見えるわけですね。

　賃金の金額は下がりにくい（名目賃金の下方硬直性）ので、デフレが実質賃金の上昇を通じて雇用を悪化させることは多いでしょう。しかし、インフレ時にその議論が成り立っているかは疑問が残ります。

　ただ、なぜか「物価が上がる（＝インフレ）ことによる

実質賃金低下が雇用を拡大する」という説が教科書では主流になっています。

*ジョン・メイナード・ケインズ（John Maynard Keynes, 1883〜1946）
　イギリスの経済学者。主著は『雇用、利子および貨幣の一般理論』。マクロ経済学の祖。

*ミルトン・フリードマン（Milton Friedman, 1912〜2006）
　アメリカの経済学者。新自由主義の祖。1976年、ノーベル経済学賞受賞。

*ジョン・トーマス・ダンロップ（John Thomas Dunlop, 1914〜2003）
　アメリカの経済学者。専門は労働経済学。

*ローリー・ターシス（Lorie Tarshis, 1911〜1993）
　カナダの経済学者。主著は『エレメンツ・オブ・エコノミクス』。

*アルバン・ウィリアム・フィリップス（Alban William Phillips, 1914-1975）
　ニュージーランド生まれの経済学者。インフレと失業の関係を示した「フィリップス曲線」で知られる。

Q なぜハイパーインフレが発生するのですか？

まず、なぜ紙切れにすぎないお札が、何か価値があるものとして流通するのか、ということについて考えてみましょう。これについてはいろいろな人がたとえば「無限の受け取り可能性」がどうだとか、面倒な説明をしています。しかし、そんな複雑な話ではなく、アダム・スミス*がバサッと明解に答えてくれています。「このクーポン券で税金を払えるから」。つまり、現金というのは国が発行してその国の中で使える商品券なのです。「その商品券を納税に使える」というのが通貨の価値の源泉です。そうすると、ハイパーインフレは、この政府がいつまでもつかわ

からないというときに起きる。つまり、この政府が発行した商品券は使えなくなるかもしれない。そんな状態になったら、なんとか人に渡して逃げ切ろうとします。みんながそうし始めるとハイパーインフレに向かって進んでいくわけです。ソ連崩壊後のロシアであっという間に起きた高インフレ、大戦中の日本の占領地で起きた軍票（占領軍が支配地で流通させる紙幣）のハイパーインフレも、その通貨が「使えなくなる」と考える人が急激に増えたことによるものです。

　通貨の信用が下がった場合にくわえて、紙幣はたくさん出回っているのに物をつくる力がゼロになってしまった場もハイパーインフレにつながります。終戦後の日本で高率のインフレが発生したのは、日本中の生産設備や物流網の壊滅が原因です。

　ただ、ハイパーインフレは、あるときいきなり止まります。加速度的に物価が上昇していって、あるところでパツンと終わるのです。たとえば第一次世界大戦後のオーストリアのケースです。戦勝国側が折れて、無茶な賠償金を減額し、この政府を助けるというアナウンスしたとたん（実際には減額されるであろうとの見通しが強くなったとたん）、インフレが止まりました。商品券がまた使えるようになる、というメッセージを出したわけですね。

　現代の日本では、さすがに政府が倒れるとは多くの人が思っていませんし、モノをつくる力も突然ゼロになることもありえません。そういう状況ではハイパーインフレは起きにくいと考えられます。

　しかし、日本の存続が心配されるような状態でなかった

にもかかわらず、第一次オイルショック（1973年）のときは年率40％近いインフレとなりました。このときは外的な特殊要因があったのです。第一次オイルショックでは原油価格が一気に10倍になったのです。石油ほど産業や生活の基幹をなす物資はありませんから、この強烈な価格上昇により、広範囲でコストプッシュ型インフレが起きるのは必然です。ただ、当時は1バレル数ドルと極端に石油が安かったので、値上げ余地も大きかったといえます。1バレル30〜50ドルもしているいまは、10倍という値上げ余地は考えられませんし、なにより代替品が出回っています。1バレル、60ドルを超えるとシェールガス、80ドルでオイルサンドが採算コストに見合うようになり市場に出回ってしまうのです。ですからこのラインが事実上の上限になっています。

　第二次オイルショック（1979年）のときは、むしろ日本は上手に切り抜けました。原油の備蓄が進んでいましたし、日銀が適切に金融引き締めを行ったことも大きかった。日銀の成功体験は、結局全部引き締めなのです。緩和局面では成功体験がほとんどありません。唯一の先例が1931年の昭和恐慌のときの高橋是清*財政です。

＊アダム・スミス (Adam Smith, 1723 〜 1790)
　イギリスの経済学者。思想家。古典派経済学の始祖。1776年に『国富論』を発表。
　市場原理を「神の見えざる手」と説明した。『道徳感情論』の著者としても知られる。

＊高橋是清 (Korekiyo Takahashi, 1854 〜 1936)
　明治から昭和にかけて活躍した日本の政治家。内閣総理大臣、大蔵大臣を歴任。
　昭和恐慌を収束させた「高橋財政」が有名。2・26事件で暗殺される。

Q そもそも「期待」のような フワフワしたものがどうやって 世の中に伝播していくのでしょう？

　一般の人にとって重要なのは足元の空気です。実際に足元が温まりだすと、みんなインフレを意識した行動をとるようになります。まずは一般消費者に先んじて市場関係者が動きますが、なぜ彼らは情報に敏感なのかわかりますか。

　答えは、儲かるからです。儲かるから早めに土地や株を買っておく。そういう彼らの行動を見ているまわりの人たちが、感化され伝播していく。

　アベノミクス初期の2013〜2014年初にかけては、株で儲かった人が高級品の消費にはしりました。このときは珍しく中年の男性が消費を先導したといわれます。これは、量的緩和による資産効果が効いたのでしょう。実際に2013年はインフレが着火しかけていました。テレビのワイドショーなどでも物価が高くなったことにどう備えるかといったテーマを取り上げる番組が増えていました。スーパーで目に見えて加工食品の値段が上がっているとか、宅配便の送料が上がったとか、契約を更新したら家賃が高くなった、といったことがあると、人々はインフレを実感しはじめます。

　足元の問題として意識されたらインフレ期待は盛り上がっていくわけですね。そしてこのあと何％になったらこの緩和を打ち止めにするのかという話が出てきます。日銀の公式見解ではその目安を2％といっていますが、海外の

エコノミストのなかでは6〜7％という議論も出ています。わたしは3％台まで許容してもいいのではないかと考えています。さらにいえば、日銀法を改正して、たとえば日銀と政府が月1回の会合をもち、12カ月にわたって2％以上のインフレ率が観察されたときには引き締めに入る、というように、引き締め条件やその決定方法について定めておくべきでしょう。

Q リフレの出口はどうなるのですか？

いまは引き締めに入る条件について、はっきりした目安がなく、「物価上昇率が2％を超えた時点」というアナウンスのみです。それが何カ月続いたらテーパリング（買い取った国債を売りに出す）を行うのか、あるいはロールオーバー（償還の来たものを再び買い戻す）するのかといった道筋も不明確です。

まずはロールオーバーして国債の量を増やさないようにし、それでインフレが止まらなければテーパリングをして市場から資金を吸い上げます。ただ、サマーズ*が「瀕死の重病人が元気になったからといって、いきなり全力疾走で駆け回るということは考えづらい」といっているように、そこまで急いで引き締めをする必要もないと思います。物価が急に上がるのは政府の信頼がなくなった場合とか生産設備の破壊が起きた場合以外は起きません。その意味でもたとえば仮に2％になったとしても、「それが丸1年以上安定的に継続していなければ動きませんよ。でも（たとえ

ば）4％になったらすぐに引き締めます」と明言しておくと、その天井に近づくにつれて、マーケットでも様子見感が高まります。

　経常経費、つまり、一般的な行政費用に関しては、あと1～2年この景気が続けば、もう財政赤字でも黒字でもないところまでもっていけます。しかし、社会保障支出に関しては景気が改善するだけではカバーできない。社会保障改革は安定した長期政権でしか実施できません。その意味で、第二次安倍内閣はそろそろ膨大な社会保障費をどうするかといった現在の国の財政の根源的な問題である社会保障改革に力を入れるべきではないでしょうか。わたしは景気対策のためには、金融政策と財政政策両面からの大幅緩和が必要だと主張していますが、これは無限に財政赤字を増大させるべきだという意味ではありません。

＊ローレンス・サマーズ（Lawrence Summers、1954～）アメリカの経済学者。クリントン政権後半期に財務長官、ハーバード大学学長、オバマ政権の国家経済会議委員長などを歴任。

Q FTPL理論は正しいのですか？

　FTPL（P148参照）は完全に正しい理論です。そして正しいが故に政策的には意味がないというのがわたしの理解です。数式的なことはさておいて、結論からいうと、「当たり前のことをもっともらしくいっている」だけだからです。この理論の中核は、「政府が将来、借金を増税によって返すならインフレは起きず、借金を日銀による貨幣発行やインフレで返すのであればインフレが起きる」というこ

とです。財政政策と金融政策が未来の各時点でどのように行われるかが決まれば物価が決まる——これはまったく正しい。しかし今後、無限の未来までの財政政策・金融政策の経路なんてわかりようがないでしょう。

これをもう少しかっこよく、「リカード*の中立命題」を使って説明するエコノミストもいますね。リカードの中立命題とは「政府がいくら借金してお金をばらまいても、その借金を返すためにいつか増税するだろうと人々が予想するので財布のヒモが緩くならない」という話でした。ならば、「増税しない」と宣言すれば、みんながお金を使うようになってインフレになると。

間違ったことはいっていませんが、将来の財政は将来の国会で議決されて決まるもので、現時点の首相や日銀総裁に決められることではありません。だから、市場や一般消費者が「国は将来にわたって借金を返さない(中央銀行による貨幣発行によって返す)」とは信じてもらえないでしょう。

量的緩和では似たようなアナウンスを日銀総裁がして、「期待インフレ率を上げる」ことができたではないか、という反論があるかもしれません。しかし、財政と金融では時間的スパンが異なります。金融市場で期待に働きかけるときは数年からせいぜい10年単位の話をしています。そのくらいの期間なら、経済政策が急に変わることはないだろうという予想が成り立ちます。さらに、予算や税制のように国会の議決を毎年得る必要もないので、まったく異なる政策思想の政党への政権交代がなければ政策姿勢はある程度維持されるでしょう。ところが政府債務をどのように

返済していくかというのは、数十年から100年を超える話、しかも政治状況の影響が非常に大きい話をしているわけです。量的緩和の働きかけとは期待形成のスケールがあまりにも異なります。

　最近、安倍総理がFTPLを意識してか、「国債を返しすぎた」としきりにアナウンスしています。低い金利で借りているローンを急いで返す合理性はないのでこれ自体は妥当だと思いますが、FTPLで想定されるような経路での効果は薄いと思います。どの国の中央銀行総裁でも、任期末が近づくとアナウンス効果は下がります。もうじきいなくなるからですね。安倍政権がどんなに長く続いても政府債務のバランスという時間視野から見るとほんの短い期間にしかすぎません。そのくらい市場の反応は繊細なものなのですから、100年先の話などは到底、期待も信頼も醸成できないでしょう。

＊デヴィッド・リカード（David Ricardo, 1772〜1823）イギリスの経済学者。アダム・スミスと並ぶ古典経済学の重鎮。代表作は『経済学および課税の理論』。貿易及び国際分業における基本理論となった比較生産費説を提唱。

難しい経済理論や数式を、「普通の日本語」で理解できるようにお話しいただきました。実際の政治や経済や統計などの時事情報を随所で補いながら論を進めていただいたので、わかりやすかったと思います。

　たとえば、「なぜアベノミクスを４年続けても、インフレが高進しないか」という理由には、予想以上に雇用が増えたことをあげています。それは高齢者と女性の活躍によるもので、結果として人手不足感が高まらないからインフレ圧力が弱いままである、ということですね。また、現在の日本では1970年代のオイルショック並みの弱いハイパーインフレも起こらないという指摘もありました。当時は１バレル数ドルだった原油が一気に10倍にも値上がりしたという特殊事情があり、現在ではそれが再現することはない、というわけです

　結局、理論だけでは社会の動きはわかりません。時々刻々の情報と理論を組み合わせて経済を見ていかなければならないのです。

　そして、"常識"にとらわれず知識をアップデートすること。

　飯田先生は、「今の日本ではＪカーブは起きなくてもいい」「インフレ率と雇用は直接関係しない」「いくら国が借金を返さないと今の首相がいったとしても、一内閣では将来の予想など形成できないからFTPLは意味がない」など、教科書に書いてあったり、時流に乗っている理論も、ずばりと否定しています。常識や権威を盲目的に信じるのではなく、常に自分の目で見て、頭で考えるようにすべしということでしょう。

もっと掘り下げて聞いてみたいこともありました。たとえば、銀行の貸し出しが増えないのは、いくら利子が低くても、借りてまで投資する意思が企業にないからではないか。じきに量的緩和をやめれば、当然、金利は上がる。その高金利に日本政府は耐えられるのか。そんな素朴で直感的な疑問です。飯田先生の解説どおり、国が今後は新規の借金をしない体質に変われたとしても、既存の借金が膨大にあります。その借り換えだけでも年間百数十兆円にもなるのだから……と、問いが問いを生んでいきます。まさに、現実の経済は「生き物」であり、きれいに理論で説明できるものではないのでしょう。

　だからこそ、自分の目で事実を拾い、自分の頭で考えてみることが大事なのです。この本をそのための道具や材料として役に立てていただければ本望です。

おわりに

　経済学者のみなさん、お詫び申し上げます。

　わたしの名前を多少なりとも知っているという方は、「なぜ雇用領域の人が経済の本を書くのだ？」と違和感を覚えられたかもしれません。

　じつは、こんな事情があるのです。

　わたしはリクルートグループで、人事や雇用を取り扱う雑誌2誌の編集長を務めてきました。1誌は同社のシンクタンクであるワークス研究所が発行する雑誌『Works』であり、もう1誌はリクルートキャリア社が発行する『HRmics』です。理論寄りの前者に対して、実務や時事に近いのが後者です。どちらも旬な人事・雇用情報をリクルートのクライアント企業に提供することがその目的となっています。

　この雑誌は当然、リクルートの営業スタッフの手により、顧客先企業へと運ばれることになります。そこで、営業スタッフにこれらの雑誌を活用してもらえるよう、社内勉強会を立ち上げました。彼らの営業先である企業の人事部門には採用以外に、労務、制度設計、教育、給与、年金、保険などの仕事があります。勉強会ではこうした人事の広い領域や政策、法律などをカバーしています。
　その内容はリクルートが得意とする採用領域とはずいぶん離れており、営業スタッフの関心をひかないこともしばしばありました。彼らに興味をもってもらうためには「お

まけ」が必要です。そこで、営業スタッフなら誰でも知りたいであろう「景況の予測」も取り入れることにしました。景況を理解するためにはまず、経済の基本的な仕組みを知っておくことが必要です。ということで勉強会の半分は、経済の話をしていました。その内容がこの本の骨格となっています。

　東京、名古屋、大阪のそれぞれにおいて1号あたり6回勉強会を開催するのですが、最初は「わからない」「難しい」という反応も多く、回を重ねるごとによりわかりやすくなるように改編を繰り返し、6回目が終わるころにようやく理解してもらえるようになりました。

　そうやってつくってきたのが、この本の内容です。表現も、図版も、「それならわかる！」といってもらえるまで何度もつくり直しました。わたしの本来の使命は、人材、雇用の専門家として話をすることですが、その目的を果たすために、経済の話をしてきたわけです。キャラメルのおまけや、スナック菓子についてくるカードは、本体よりもそちらの人気が先行していることもありますね。わたしにとって経済の本はそういう「客寄せのおまけ」からできたものなのです。

　こうした勉強会はすでに150回を超えました。これを編集し直し、景況概論としてセミナーにしだしたのが2014年のことです。初めは企業や商工会向けの勉強会用にやっていたのですが、そのなかで、多くの人が「わかっているようでわかっていないキーポイント」があることに

気づきました。

　たとえば金利です。「量的緩和」「マイナス金利」といった経済用語がニュースでは毎日のように躍っていますが、それ以前に、まず「金利がどう決まるか」がわからない人がほとんどなのです。同様に、「国の借金が1000兆円」とニュースではよくいいますが、それもどうやってできあがったか、多くの人がわかっていません。為替の話もそうです。「円安になっても輸出企業が儲かるだけでしょう」。経済紙を購読している若手社会人までもがそういいます。

　結局、基礎の基礎でありながら、いちばん大切な点がわかっていないから、経済や景気を自分の頭で思いめぐらすことができないのだと痛感しました。

　そうしたキーポイントを中心に再編成して、2015年からはこのセミナーを学生や一般の方向けにも提供をし始めました。受講者からの反応も「わからない」から「おもしろい」に変わってきました。この辺までくればもう大丈夫、ということでプレジデント社の中嶋愛さんにお願いしてこの本ができました。

　とはいえ、本物の経済理論はとても難しいものです。手に負えないところは第5部で経済学者の飯田泰之先生に教えを請いました。わたしの「素人質問」にもわかりやすく、粘り強く答えてくださった飯田先生に心から御礼申し上げます。

海老原 嗣生　Tsuguo Ebihara

雇用ジャーナリスト、経済産業研究所コア研究員、立命館大学客員教授、奈良県行財政改革推進プロジェクトワークマネジメント部会長、人材・経営誌『HRmics』編集長、ニッチモ代表取締役、リクルートキャリア社フェロー（特別研究員）。1964年、東京生まれ。大手メーカーを経て、リクルートエイブリック（現リクルートキャリア）入社。新規事業の企画・推進、人事制度設計等に携わる。その後、リクルートワークス研究所にて人材マネジメント雑誌『Works』編集長に。2008年、人事コンサルティング会社、「ニッチモ」を立ち上げる。『エンゼルバンク──ドラゴン桜外伝──』（『モーニング』連載、テレビ朝日系列でドラマ化）の主人公、海老沢康生のモデル。著書に『雇用の常識「本当に見えるウソ」』（ちくま文庫）、『面接の10分前、1日前、1週間前にやるべきこと』（小学館文庫）、『仕事をしたつもり』（星海社新書）、『女子のキャリア』（ちくまプリマー新書）、『無理、無意味から職場を救うマネジメントの基礎理論』（プレジデント社）など単著は20を超える。

飯田泰之　Yasuyuki Iida

経済学者。明治大学准教授。シノドスマネージング・ディレクター。財務省財務総合政策研究所上席客員研究員。1975年生まれ。東京大学経済学部卒業、同大学院経済学研究科博士課程単位取得退学。『昭和恐慌の研究』（共著、第47回日経・経済図書文化賞受賞、東洋経済新報社）、『経済は損得で理解しろ！』（エンターブレイン）、『ゼミナール　経済政策入門』（共著、日本経済新聞社）、『歴史が教えるマネーの理論』（ダイヤモンド社）、『ダメな議論』（ちくま新書）、『ゼロから学ぶ経済政策』（角川Oneテーマ21）、『脱貧困の経済学』（共著、ちくま文庫）など著書多数。

経済ってこうなってるんだ教室

2017年5月26日　第1刷発行

著者	海老原嗣生
発行者	長坂嘉昭
発行所	株式会社プレジデント社
	〒102-8641
	東京都千代田区平河町2-16-1
	電話　編集（03）3237-3732
	販売（03）3237-3731
編集	中嶋 愛
装丁・図版作成	長谷部デザイン室
制作	関 結香
販売	桂木栄一　高橋徹　川井田美景　森田巌
	遠藤真知子　塩島廣貴　末吉秀樹
印刷・製本	凸版印刷株式会社

Ⓒ 2017 Tsuguo Ebihara　ISBN978-4-8334-2231-4
Printed in Japan